岩井忠熊　広岩近広

象徴でなかった天皇

明治史にみる統治と戦争の原理

藤原書店

象徴でなかった天皇

目次

＊「五箇条の誓文」や「教育勅語」などの史料とその口語訳の多くは、笹山晴生・五味文彦・吉田伸之・鳥海靖編『詳説　日本史史料集　再訂版』（山川出版社、二〇一五年）から引用させていただき、また史料の原文照合は国立国会図書館デジタルコレクションによりました。

＊文献などの引用に際しては、必要に応じて現代表記にあらため、句読点やルビを付しました。蔑称的な表現も登場しますが、当時の状況を伝える歴史的な記録として、そのまま用いています。また年月日については、明治五年十二月三日から採用された西暦（太陽暦）にそっていますが、必要に応じて和暦（旧暦）も併記しました。

象徴でなかった天皇

明治史にみる統治と戦争の原理

〈巻頭言〉日本近代史の視角

――天皇の威光伝説と侵略戦争の接点――

岩井忠熊
立命館大学名誉教授・歴史学者

老人ホームに入居する際に大量の書籍を処分し、戦後発刊の歴史学専門雑誌四種類だけは旧居の書庫に残してきた。雑誌は今でも四誌が毎月ふえてせまい居室をさらにせまくしていく。専門誌に目をとおすだけが現在の私の歴史学界との接点である。これでは四本の管から海をのぞいているようなもので、広い歴史学世界の新しい動向をながめわたすことはおよそ不可能である。しかし他方で九十六歳にもなれば、学界からはなれて自分の経験と目で歴史を見る姿勢も、おのずからでき上がってきたことは否定できない。

さて、私は当時の日本が、租借名目で占領していた中国東北部・遼東半島の大連で育った。軍人の父が退官した後、家族で引っ越したのが大連で、私は二歳だった。小学校時代に満州事変の発端となる柳条湖事件（一九三一年）、中学時代に盧溝橋事件（一九三七年）が起きて日中戦争に突入した。旧制の姫路高校時代に日米開戦（一九四一年）となり、京都大学時代には「学徒出陣」（一九四三年）で海軍に入った。水上特攻隊で九死に一生を得て生還するが、成長期から青年期にかけて、ほとんどの時期が昭和の十五年戦争と重なっている。

今はない関東州の（拓務省立か）大連二中時代は、外観や服装が戦争色だっただけでなく、教育内容もしだいに戦時色をふかめ、軍国主義にかたむいていきつつあった。英数国漢や理科系統の科目は基礎学力をつけてもらったが、修身・公民・歴史となるとひどいものだった。個人主義や自由主義は危険思想だと教えられ、大日本帝国憲法については天皇機関説の反国体性を説教され、万邦無比の国体賛美で貫かれていた。その授業では、数々の詔勅を暗誦させられた。

詔勅《しょうちょく》は天皇が公に意思を示す文書の総称で、詔書、勅書、勅語などがある。明治政府と軍部は天皇の権威に頼り、天皇の名のもとに詔勅を乱発したといっても過言ではない。「教育ニ関スル勅語」はいうに及ばず、「戊辰詔書」「国民精神作興ニ関スル詔書」「青少年学徒ニ賜ハリタル勅語」、また「陸海軍人ニ賜ハリタル勅諭」もあった。

そこには、大日本帝国憲法（明治憲法）の示す〈統治権の総攬《そうらん》者〉としての天皇＝政治的な君主と、陸海軍の統帥《とうすい》者としての天皇＝大元帥との二つの側面がみられる。明治政府にとって、政治において天皇〈親政〉が必要だったように、軍事においては天皇〈親率〉が必須だったからである。とはいえ天皇が一人の人格として、両者を兼ねていたにすぎない。

軍隊教育の精神的なよりどころとされた「軍人勅諭」は、日本の軍隊が天皇の軍隊であるという、いわゆる「皇軍」の理念の確立によって、その内部統制の実現をめざしたものであった。海軍予備学生として海兵団で教育を受けた私は、窓の開け方まで画一的な規律にそうようにたたきこまれた。海軍では殴ることを「修正」と呼んでいたが、何かにつけて規律を問い、あげくには「修正」されるのだった。

軍隊における命令の実現のためには、「服従」の倫理が求められる。そこで統帥と統率は、「現人神《あらひとがみ》」天皇が大元帥であることによって、他から侵すことのできない神聖な命令となる。末端になると、暴力的制裁で「服従」が強要された。ちなみに「修正」では「弁解するな」とつけ加えられたものである。

そうして日清戦争に勝利すると、戦勝は「御稜威《みいつ》」（天皇の威光）によるものだと強調された。日露戦争後には、対外戦争の勝利は大元帥すなわち天皇の絶大な威光のおかげという伝説が広がる。かくして日本は侵略戦争を続けるのだが、天皇と戦争について一度できたこの定型はアジア・太平洋戦争になると、皇軍は負けない、神風が吹くなどと吹聴するまでに至った。

ともあれ日本軍国主義の時代に、私は中国の占領地で育った。振り返れば小学校の頃から、数知れぬ「慰問袋」をつくり、提灯行列には何度も動員され、「皇軍将兵」の歓迎や歓送の行事にも参加させられた。こういう育ち方をした私たちの世代にとって戦争は、いわば所与の現実であり、それに対していかに対処するかなどほとんど意識にのぼらなかったし、あらためて疑ってみるような認識の対象になりえなかった。

いわば時勢に押し流されて生きていた。若者らしい知的好奇心は持っていたと思うが、いくら勉強してもまったく勉強しなくても、結局は同じ運命、つまり戦争への動員がまっているのを知っていた。そのような運命に、今さら不審などいだかなかった。学徒出陣が命じられたときも、くるべきものがきたと、一種の諦観にもちかい気持ちで受けとめた。

私は特攻から生還したが、戦死者の多くが生還願望と決死の覚悟の間に揺れながら、やがて諦念をもって死んでいったに相違ない。無念の一語に尽きるのではなかろうか。そう思いやることが、私のできるただ一つの追悼であり、死者たちの無念を忘れてはならない、と自分に言い聞かせて生きてきた。私は結果として、直接に人を殺傷するという経験をしないですんだ。しかし客観的にいえば、中国をはじめアジアの人民や米軍人たちの殺戮《さつりく》に加担していたといわざるをえない。

戦争はひとたび始まってしまえば歯止めがきかない。日本は特攻隊をつくり、米国は核兵器を使った。「備えあれば憂いなし」と、子どもの頃から飽きるほど聞かされた。だが備えがあったからこそ、日本は戦争を繰り返し、ついには武力による侵略という暴挙に走ったのであろう。

「敗れて目覚める」、そのために「日本の新生にさきがけて散る」ことを覚悟した特攻隊員がいた。彼らの遺志は、日本国憲法に、なかんずくその第九条に具現されたと、私は信じている。日本国憲法は、天皇制軍国主義国家を支えた大日本帝国憲法と対極にあり、おろかな戦争体験をもつ私は、せめて若い人、私たちの孫子《まごこ》や曾孫《ひまご》のために、この平和憲法を残してやるために、力をつくしたいと思って生きている。

ところで、戦後数年たった頃から、私は新聞の切り抜きでスクラップブックの作成を始めた。いま手もとに残っているのは一九七一年から現在にいたる八冊分にすぎないが、読みかえしてみると、その時どきに自分がどういう社会と世界の潮流に関心をもって生きてきたかがうかがわれる。正直にいえば、私は新聞報道を全面的に信頼してきたわけではない。しかし自分のおもな活動範囲であった歴史学や大学の世界で、何が報道されどのように論評されているかは、かわらぬ関心事でありつづけた。私はそれぞれの時期のジャーナリズムから影響を受け、時に反発した。

歴史を顧みると、メディアによる大衆操作で「世論」がつくり出され、悲劇的な結果を生んだ実例は少なくない。そうした事態を防ぐためには、言論機関が厳然として権力から自立し、ジャーナリズムの権威を確立する必要がある。

ジャーナリストの広岩近広さんから日本近代史の著書の作成に、私の協力を求められた時には、はじめは躊躇《ちゅうちょ》した。古手だが研究者は自説を展開することを自分の仕事と信じて生きてきた。今さら他人の著述の手伝いをする必要もあるまいと思った。だが広岩さんの原稿を拝見するうちに気が変わった。

この書物は明治維新期からはじめて明治末で終わっている。その間の経過と主要な出来事が叙述されているが、各所で当時の新聞・言論機関がどのように報道し論評したかを反省的に述べているところが、いままでの類書にない特色といえよう。そうしたこころみには大賛成である。及ばずながら多少の協力をすることになった。その際にジャーナリズムの世界で仕事をしてこられた広岩さんの見識が生かされるように配慮したことは当然である。

歴史研究者は一次資料にこだわり、とかく新聞や言論機関の動向を軽視する傾向がある。いわゆる歴史学の専門書とひと味ちがった書物ができあがったことを喜びたい。多くの方に一読をおすすめしたい。

第一章　王政復古と武力主義の明治維新

1　大政奉還と戊辰戦争

「玉」を取り込め

歴史はリアルであり、ときには急変する。そのことを見せつけたのが、江戸幕府の末期だった。

徳川慶喜《よしのぶ》が第十五代将軍になって、わずか二十日後のことである。一八六七年一月三十日（慶応二年十二月二十五日＝旧暦）、孝明天皇が三十五歳の若さで急死した。孝明天皇といえば、外国人を打ち払う、あるいは外国勢を追い払う「攘夷《じょうい》」の論者で知られた。だが討幕には反対を唱え、妹の和宮《かずのみや》を第十四代将軍の家茂《いえもち》に嫁がせている。

第十五代将軍の慶喜は、岩倉具視《ともみ》ら尊皇討幕派の台頭を危惧して、幕府の立て直しを急いだ。修好通商条約を結んでいたイギリスなど四カ国の代表と一八六七年五月に大阪城で謁見し、将軍が国内を治めていると強調した。こうしてフランスの支援を引き出し、武器の調達に加えて軍事訓練の指導を受けた。オランダは海軍の強化を手伝った。

当時の動向はどうだったのか——。立命館大学名誉教授で歴史学者の岩井忠熊さんに、解説を仰ぎたい。

岩井さんについては「巻頭言」にあるように、戦争の時代に育った。一九四三年十二月に京都大学から「学徒出陣」で海軍に入り、ベニヤ板のボートによる「震洋《しんよう》特攻隊」に配属された。特攻から生還した岩井さんは京都大学文学部史学科に復学し、日本近代史の研究者となった。

「日本はなぜあのような大戦争に向かっていったのか、そのことを日本近代の思想史と政治史を勉強することで解明したいと思ったのです」

そう語る岩井さんは知見の人であり、本書における解説者にふさわしい。岩井さんの解説については、字体を変えて紹介しているが、一部は「　」を使って掲載した。

さて、幕末について、岩井さんは次のように解説する。

徳川幕府をめぐる動向について——政治的な新しい動向は、ペリーの黒船来航（一八五三年）を機に始まったといえるでしょう。この段階で、徳川時代の後半に目覚めた勤王思想が尊皇攘夷論へ発展したのです。この時期の国論は、開国か攘夷か、佐幕か尊皇か、公武合体か討幕かをめぐって分裂し、その結果、抗争にまで発展しました。

討幕派の中心は長州藩と薩摩藩ですが、もとはといえば薩摩藩は、朝敵だった長州藩を京都から追放するなど両藩は仇敵《きゅうてき》でした。ところが、一八六六年（慶応二年）に「薩長密約」を結びます。権威の失墜した徳川幕府にかわる政治勢力を、両藩を軸にしてつくり出そうという密約でした。土佐藩の坂本龍馬の斡旋により、長州藩の木戸孝允《たかよし》（桂小五郎）や薩摩藩の西郷隆盛らが謀議に加わっています。

討幕の動きを察知した徳川慶喜は先手を打って、大政を朝廷に返還する旨を上表した。このため討幕派は大義名分を失った。そこで岩倉具視や大久保利通は睦仁親王（後の明治天皇）を天皇に担いで、王政復古のクーデターに打って出る。後手に回った岩倉らの反撃の一手であった。

皇室の浮上について――強大な権力を持っていた古代の天皇は、唐の制度に倣《なら》った律令によって支配していました。律は刑罰の規定で、令は政治など一般行政の規定です。天皇中心の専制的官僚国家でしたが、荘園の発達と武士の台頭のため律令は空洞化していきます。それでも令の規定にあった天皇の祭祀《さいし》権と官位授与権そして元号制定権だけは、天皇の手に残りました。だから公家だけでなく、武士も名目だけの官職に任命されたり、位階を授けられています。幕府は領主らを統制するために、天皇の権威を自分に都合のよいように利用したのです。徳川時代にあって、政治の実権を失ったとはいえ、天皇は権威を持ち続けていました。

そこで徳川にかわる政治的求心力として最もふさわしかったのは、さまざまの地域性や利害にとらわれている大名ではなく、政治から超然としてきた皇室だったのです。幕末の尊皇攘夷論が容易に倒幕論に転回していった理由は、そうした事情によります。十六歳の明治天皇が国政や内政を指揮したわけではなく、岩倉具視ら少数の公卿《くぎょう》と倒幕派で活躍した志士らが万事を取りはからいました。

岩井さんがキーマンの一人とみる岩倉具視は、クーデターの成否は天皇の取り込みにかかっていると知悉《ちしつ》していた。

〈急進尊攘派の手痛い敗北から重大な教訓を学びとっていた。すなわち「玉《ぎょく》」をしっかり自派ににぎっていなければならないということである。「玉」とはかれらの隠語で天皇のことである。文久三年には、尊攘派が頭にと思っていた孝明天皇が、じつは「朕《ちん》は暴論過激の輩は好まず」であり、幕府に通じていたために、幕府側のクウデターで完敗させられた。元治元年にも、急進派は天皇を自派にとりこむ用意なしに挙兵して敗れた。今度こそ、どうしても玉をにぎらねばならない。その点では、幼い明治天皇にはまだ先帝のような確固たる自分の考えが及ばないのは好都合であった。そして天皇の外祖父で、天皇がもっとも頼りにしている中山忠能《ただやす》を味方にひきいれたことは、討幕派の最初の重大な成功であった〉（井上清著『日本の歴史20』）

かくして一八六八年一月三日（慶応三年十二月九日）、明治天皇は学問所で一同を引見してから「王政復古」の大号令をくだした。事前に岩倉具視は、自邸に討幕派の重臣を集めて協力を求めている。御所の立ち入りを制限してから、岩倉が練ったといわれる「王政復古」の大号令文案を決定し、天皇の名において発布したのだった。

【王政復古の大号令】（口語訳）

〈内大臣徳川慶喜がこれまで天皇から御委任されていた政権を返上し、将軍職を辞退したいという二つの申し出を、このたびきっぱりとお聞き入れになられた。それにしても、嘉永六（一八五三）年のペリー来航以来、いまだかつてなかった困難がつづき、先の孝明天皇が毎年、大御心を悩ませられていた事情は人々の知るところである。そこで明治天皇はお考えを決められて、王政復古、国威回復の御基本を確立されたので、今からは摂政・関白・幕府などを廃止し、ただちにまず仮に総裁・議定・参与の三職をおかれ、天下の政治を行われることになった。すべて神武《じんむ》天皇が建国の業を始められたのにもとづき、公卿・武家・殿上人・一般人の区別なく正当な論議をつくし、国民と喜びと悲しみをともにされるお考えなので、おのおの勉励し、従来のおごり怠けた悪習を洗い流し、忠義をつくして国に報いる誠の心をもって奉公するようにせよ〉

この大号令に〈神武創業〉とあるように、明治維新は「神武天皇」を前面に押し出した。岩井さんによると、討幕運動の目標・理想とされたのは鎌倉幕府を倒して「建武親政」を実現した後醍醐天皇だった。

〈神武創業〉の強調について——岩倉具視はクーデター構想をまとめるにあたり、国学者の玉松操《たままつみさお》に意見を求めました。二人の問答について、三宮義胤《よしたね》の「玉松先生実歴覚書」に次のようにあります。

〈玉松先生の北山に岩公を訪はるるや則夜、天下の形勢を論し、談次、公が後醍醐天皇中興の偉業に復せんとするの宿望あるを聞き、先生襟を正して曰く、凡そ天下に事を為さんとする、須《すべか》らく志望遠大なるを尊ふ。今、公が建武中興の事を企図するが如き小慮ならんには、奚《いずく》んぞ能く天下の大事を為す可《べ》けんや、何ぞ神武天皇創業の大に倣ひ、大政復古の基礎を建てざるやと。確論凛乎《りんこ》として動かず。於是《ここにおいて》公初めて夢の醒むる心地し、遂に先生の卓論に服し、始終先生を師父として敬せりといふ〉

こうして神武天皇が王政復古の理念に深く取りこまれていったと思われます。その結果、明治維新にはじまる日本の近代社会は、記紀神話によっても事蹟《じせき》が明らかでない、史実として存在しない神武天皇に何かと振り回されるのです。平安朝以来、宮中の最高機関であった摂関が廃止され、総裁・議定・参与の三職が万機を行う体制下で、討幕派の公卿はヘゲモニーを掌握します。勅勘《ちょっかん》を解かれて復帰した岩倉具視は、完全に宮中の指揮権を握りました。天皇を取りこんで勅令を振りかざせば、大義名分にしたがって官軍になりえるのです。

さっそく岩倉具視は小御所会議を開いた。その席で岩倉は、徳川政権の失政を糾弾したうえで、慶喜の辞官と土地や人民の朝廷への奉還（辞官納地）を決めた。一八六八年一月三日（慶応三年十二月九日）は、名実ともに王政復古が確定した日である。

天皇による「親征の詔」を発布

岩倉具視は「王政復古」の大号令にもとづき、第十五代将軍の徳川慶喜に「辞官納地」を求めた。だが慶喜は、首を縦に振らなかった。

慶喜は二条城から移動して大阪城に立てこもると、旗本ら幕府の兵力を集めた。そのうえで、イギリスやアメリカなど六カ国の公使に対して、王政復古は万民を悩ませる凶暴の所業だと言ってのけ、徳川幕府こそが主権者だと強調する。慶喜の発言を受けて、幕府の強硬派が反発の意を強くしたのはいうまでもない。

慶喜は兵力を大阪城に集めて、薩長軍と戦う準備に入った。対して、薩長中心の討幕派は、幕府軍が増強するまえにたたき潰そうと図る。渡邊幾治郎著『皇國大日本史』（一九四〇年刊行）の「薩長の好戦的態度」から、現代表記にして引きたい。

〈元来、明治維新に於ける薩長の主張と行動とには、多くの無理と私とが存在した。彼等は戦を避けんとせず、むしろ進んでこれを導こうとしたのである。（中略）彼等の挑戦手段はこれだけでない。実行的な西郷隆盛は、江戸に出で、慶応三年十二月には、薩摩邸に決死の乱暴者を駆り集め、江戸市中から関東地方を暴れ廻らせた。放火・強盗・殺人・一揆をさえなさしめた。江戸城二の丸の火災は彼等の行為であるといわれた。関東の所在には浪士の暴挙が企てられた。下野《しもつけ》の出流山《いずるさん》の挙兵などはその一例である。彼らは徳川の天下は馬上で取ったものだ。これを取り返すには、やはり馬上でなければならぬと信じ、幕府及び佐幕諸藩に挑戦し、戦争にまで逐《お》いこまんとしたのである。明治元年正月三日、鳥羽・伏見の戦は、全くこの薩長のワナに逐いこまれた戦争である。これに口実を得て、直に征討大将軍の任命、慶喜征討の大号令が奏請されたのである。幕府は全く薩長の思うツボにはまった〉

薩摩と長州の好戦主義に言及している点に注目したい。前掲の『皇國大日本史』は太平洋戦争前の歴史書ながら、明治の戦争を検証するうえで、こうした見方は傾聴に値する。なぜなら薩摩と長州の有力藩士が、明治という軍国主義国家の中枢を担っているからだ。

さて、新たな年を迎えた戊辰の一八六八年一月、武装集団を成した討幕派の薩摩と長州の藩兵たちは新政府軍の兵士となって、旧幕府軍の武力制圧に乗り出す。薩摩の挑発にのった旧幕府軍が江戸薩摩藩邸を焼き打ちしたのをきっかけに、鳥羽・伏見の戦いの戦端はひらかれた。戊辰戦争の始まりであった。

鳥羽・伏見の戦いは戦力的にみると、旧幕府軍の約一万五千人に対して、新政府軍の薩摩・長州・土佐らの兵力は約六千人だった。しかし薩摩と長州は、強力な大砲や近代的な小銃を用意していた。

〈薩摩藩は急ピッチで陸海軍の近代化をすすめた。艦船の購入や開成所の設置、陸海軍所の新設などがそれである。まず海軍関係では元治年間（一八六四）から慶応三年（一八六七）にかけて、英米二ヵ国から平運、胡蝶、翔鳳、乾行、豊瑞、竜田、開聞、万年、桜島、大極、春日の一二隻を買い入れ、商船隊の編制が行われた。同時に鹿児島城下各砲台の整備もいそぎ、神瀬台場をはじめ主要台場には、長崎でロシア人から買い入れたアームストロング砲八〇余門を配備、連日、実弾射撃訓練を実施した〉

〈長州藩については〉〈慶応二年（一八六六）には萩、山口、三田尻に越荷方の会所を増設、羅紗や呉呂服など唐反物の専売をここでとりあつかって、運上金は軍艦購入費にあてられた。また撫育局を中心に製蠟《せいろう》、製紙、製油、製鉄、造船、染織などの新規事業が計画され、一部はただちに実行に移された。長州藩の強兵策はこうした富国策を基盤に実施されるのである。そして、まず第一に手がけられたのが藩軍事力の装備近代化であった。慶応元年五月の武器購入概算によれば、施条銃一八〇〇挺、剣銃二〇〇〇挺、計四万六四〇〇両の支出が予定されている。だが実際の購入数量はこの数字をもっと上回るものになった〉（栗原隆一著『幕末日本の軍制』）

それにつけても、武装国家ならぬ武装藩を築き上げるのに薩摩と長州は懸命だった。幕末の内戦対策にしてこれだから、明治維新をなした新政府の積極的武力主義のルーツをみるようである。

圧倒的に火力に勝る薩長を柱にした新政府軍を前に、旧幕府軍は崩れていくばかりだった。大阪城に立てこもった徳川慶喜は相次ぐ敗報に、鳥羽・伏見の戦に勝ち目がないとみて、一八六八年一月に大阪城から脱出する。幕府の軍艦を使って浦賀を抜けて江戸城に逃げ延びた。主君の消えた大阪城では、旧幕府軍の兵士たちもやがて雲散霧消となった。

勢いづく明治新政府は戊辰戦争下にあって、天皇による「親征の詔《みことのり》」を発して、各藩に出兵を命じた。天皇が徳川慶喜を征討すると、ひろく知らせたのである。

〈その詔勅の冒頭には、「今度慶喜以下賊徒《ぞくと》等江戸城ヘノガレ、益々暴逆ヲ恣《ほしいまま》ニシ、四海鼎沸《ていふつ》、万民塗炭ニ堕《おち》ントスルニ忍ビ給ワズ、叡断《えいだん》ヲ以テ御親征仰セ出サレ候」と、一月七日の慶喜追討令よりもいっそう明確に、万民の苦しみを救うために慶喜を討つと宣言した。民心を幕府からひきはなし、天皇政府に獲得することを、この段階では政府がいかに重大視していたか察せられよう。(中略)天皇政権が討幕にふみきったことは、国内において天皇政権独裁をうちたてる第一歩となったと同時に、諸外国にたいしても、その存在を承認させるきっかけとなった。(中略)政府は国内にたいしては、「大勢まことにやむをえず、このたび朝議のうえ、断然和親条約取り結ばせられ候を」と布告した。「攘夷」をもって幕府を責めつけてきた一派が、政権の座につくとにわかに手のひらをかえしたのだから、玉松操のような依然たる尊皇攘夷主義者が、「奸雄《かんゆう》岩倉に裏切られた」と痛憤したのも当然であろう。しかし岩倉らにしてみれば、攘夷派を恐れて外国の承認をとりにがすわけには、もはや絶対にいかなかった〉（『日本の歴史20』）

そして二月九日、新設した東征大総督の総督に有栖川宮熾仁《たるひと》親王が任じられた。新政府軍は文字通り「官軍」となり、西郷隆盛が参謀として加わった。会津藩を中心にした旧幕府軍による奥羽越列藩同盟軍との戦いを視野に入れてのことである。

戊辰戦争と宮廷改革について――官軍（政府軍）と旧幕府軍（佐幕派）の戊辰戦争は、朝敵にされた会津藩をめぐって展開されます。京都守護職だった会津藩主の松平容保《かたもり》は孝明天皇の信任が厚く、容保も天皇に忠実でした。それだけに朝敵とされていた長州藩がゆるされて、それも官軍の主力になっているという事情が、会津藩としては承伏できなかったのです。薩摩が長州と組んで一部の公家たちと結託し、旧幕府軍と会津藩の軍事力を滅亡させようとしているかぎり戦わざるをえません。戊辰戦争の最中に、奥羽越列藩同盟軍の総督府は討薩檄文で〈幼帝を却制して其邪を済《な》し、以て天下を欺く〉として、幼い天皇を利用強制していることへの非難を浴びせました。薩長を中心とする官軍には痛い批判です。このため維新政府は、天皇の親政にもとづいた行動だと宣伝する意味から、天皇による勅命を振りかざすのです。勅命によって大義名分がうまれ、官軍になることができたのです。

新政府は、天皇を前面に押し出す必要から宮廷改革を行い、岩倉具視は「準后御方始女房三仲間に至り御一新之儀断然御沙汰」を公表しました。古来、天皇が後宮の女官によって動かされた例は少なくありません。いわゆる〈女房奉書〉などによって勅令が伝えられることもありました。こうしたことを排除する、つまり従来の宮廷秩序の全面否定が、岩倉具視の出した〈御沙汰〉だったのです。

天皇を絶対君主にして政治を動かしていく、これが維新の主導者たちの狙いであった。岩倉具視の主導する〈御一新の儀〉により、天皇はさっそく表舞台に登場する。三月一四日、明治天皇は京都御所の紫宸殿《ししいでん》に公卿や諸侯を率いて、みずから天地神明に誓う儀式を行った。

「五箇条の誓文」について——天皇が神々に誓うという、異例の形式で発布されました。政府の基本方針を示す「五箇条の誓文」は、天皇の親政として政策を執り行っていると宣伝するために、支配層や諸外国に向けて発表したのです。アメリカやイギリスなどと結んだ通商条約は、徳川幕府との取り決めだったので、そのことを継承する旨を伝える必要もありました。

【五箇条の誓文】

一 広ク会議ヲ興シ、万機公論ニ決スヘシ
（広く人材を求めて会議を開き、天下の政治は世論に従って決める）

一 上下心ヲ一ニシテ、盛ニ経綸《けいりん》ヲ行ウヘシ
（身分に関係なく、心を一つにして積極的な政治を行う）

一 官武一途庶民ニ至ル迄、各其志ヲ遂ゲ、人心ヲシテ倦《う》マサラシメン事ヲ要ス
（武官や文官から庶民にいたるまで、それぞれが志を遂げ、人びとに希望を失わせない）

一 旧来ノ陋習《ろうしゅう》ヲ破リ、天地ノ公道ニ基クヘシ
（これまでの悪習をやめ、万国共通の道理に従う）

一　智識ヲ世界ニ求メ、大ニ皇基ヲ振起スヘシ
（諸外国に知識を求め、天皇が統治する政治の基礎を盛んにして、大いに国を発展させよう）

明治新政府が誓約した「五箇条の誓文」は、権力の主体は天皇であり、天皇を中心に据えた国家を目指していくとの宣言だった。

この誓文に、公家や諸藩は「誓約の署名」をしている。天皇を絶対君主に位置づけるために、新政府が指示したのである。そうして天皇の権威を高めたうえで、詔書や詔勅を天皇に発布してもらう。いわば明治政府は、天皇の威光を借りて、中央集権の統一国家を強化していくのだった。

「祭政一致」を求めて「神仏分離令」

戊辰戦争の最中にあって、維新政府が断行した〈御一新の儀〉は宗教改革にも及んだ。「祭政一致」の名のもとに一八六八年三月、〈祭政一致ノ制ニ復シ天下ノ諸神社ヲ神祇《じんぎ》官に属ス〉

との太政官布告令が出された。律令制度のもとで、朝廷や全国の祭祀を担っていた官庁が「神祇官」だった。中世以降は衰退していたが、新政府はこの官庁を復活させた。〈神道《しんとう》を天皇と結びつけ、神祇官を設けて全国の神社を統轄する方針をおおやけにした。維新官僚は、天皇親政を掲げることで政治の実権を握ったが、その天皇を正当化する過程で、天皇制神話を出発点とするイデオロギーと祭政一致の形式を必要としたのである。天皇が神明に誓うかたちの五ケ条の誓文は、まさにその典型であった。王政復古の理念を「神武創業」に求め、天皇の神権的な権威の復活と古代の律令国家形式の再現を推進したのである〉（松尾正人著『維新政権』）

当然のことのように「神仏分離令」が出される。

【神仏分離令】

〈今般、諸国大小ノ神社ニオイテ神仏混淆ノ儀ハ御廃止ニ相成リ候ニ付、別当社僧ノ輩《ともがら》ハ還俗ノ上、神主社人等ノ称号ニ相転シ、神道ヲ以テ勤仕致スヘク候。若《も》シ亦、拠《よんどころ》無ク差支之有リ、且ハ仏教信仰ニ還俗ノ儀、不得心ノ輩ハ神勤相止メ、立退キ申スヘク候事〉

仏教を排除して神道の国教化を目指す意図について――王政復古の大号令に〈神武創業〉としたことに始まります。維新政権の立場からいえば、幕藩制の思想統制政策において特権的な立場を占めてきた仏教の影響力を封じこめる意図もありました。いわば神道に期待したのです。

日本の神はキリスト教やイスラム教のような一神教ではなく、八百万《やおよろず》の神からなる多神教です。だから仏教が伝来してから仏教と習合し、神は仏を本地とする権現だと説く思想が普及しました。寺院が神社を支配するのは普通のことで、奈良の興福寺と春日大社や比叡山の延暦寺と日吉神社の関係などがそうです。

しかし神仏分離令によって、仏像を御神体とすることを禁止し、社前の仏具を取り除かせ、神社所属の僧侶の還俗を命じました。やがて神社は国家の宗祀《そうし》であるので、一家の私有すべきものではないとの理由から、神職の世襲を禁止します。古くからの社家の多くは罷免《ひめん》され、かわって官吏あるいは準官吏の待遇を受ける神官が任命されました。このようにして国民は、自己の信仰する宗教がなんであろうと、みな神社を崇敬することを強制されたのです。

明治維新によって強行的につくられた神道体系が国家神道であり、従来の民衆信仰を破壊してできあがったといえるでしょう。国家神道のもとで天皇家の祖先神が絶対性をおびた最高神とされ、その子孫といわれる天皇の地位を〈現人神《あらひとがみ》〉として絶対視するように、明治維新の政府はもっていくのです。

維新の指導者たちは戊辰戦争の最中に国民統治の方法を考えて、それを巧妙に実施していった。列島各地の民心を、徳川幕府から維新政府に向けさせようしたのだが、それにしても……なんとも強引な手法である。武力を背景にした維新政府は、そのような強権政治を押し通していくのだった。

「国威宣揚」と海外侵略の萌芽

岩井忠熊さんは「五箇条の誓文」と同じ日に出された「国威宣揚の宸翰《しんかん》」に注目する。宸翰は天皇直筆の書き物のことで、国民向けの天皇の手紙は写しによって庶民に広められた。木戸孝允が書いたと言われる対外的な方針「国威宣揚の宸翰」の骨子を紹介したい。

【国威宣揚の宸翰】（口語訳）

〈近頃、世界は大いに開け、各国が世界各地に活躍する時代にあたり、我が国のみが世界の様子に関心がうすく、旧い慣習を固く守り、万事一新するの策を考えず、私（明治天皇）だけがすることもなく宮中奥深く安穏として平穏をむさぼり、将来の災いに安閑としていれば、結局、各国からの侮りを受け、代々の天皇をはずかしめ申し上げ、人民を苦しめることになるのを恐れる。それ故、私は公家・諸大名と互いに誓い合い、代々の天皇の御偉業を受け継ぎ、私一身の苦しみをものともせず、みずから政治の任にあたり、人民をいたわり、ついには海外にまで力を広め、国威を世界にあまねくゆきわたらせ、国の基礎を富士山のように安定した強固なものにしようとのぞむ〉

原文には〈故ニ朕茲《ここ》ニ百官諸侯ト広ク相誓ヒ、列祖ノ御偉業ヲ継述シ、一身ノ艱難《かんなん》辛苦ヲ問ス、親《みずか》ラ四方ヲ経営シ、汝《なんじ》億兆ヲ安撫《あんぶ》シ、遂ニハ万里の波濤《はとう》ヲ拓開シ、国威ヲ四方に宣布シ、天下ヲ富岳ノ安キニ置ン事ヲ欲ス〉とある。

「国威宣揚の宸翰」について――宸翰にある〈四方を経営し、汝億兆（人民の意味）を安撫し〉は国内向けの方針ですが、〈遂には万里の波濤を拓開し、国威を四方に宣布し天下を富岳の安きに置かんことを欲す〉は対外政策の基本方針といえるでしょう。目前の内乱が決着していない段階で、国家の大方針として海外まで進出して、国威を世界に広めようというのですから、やはり異常ではないでしょうか。

まず、当時の国際情勢です。アメリカは日本との日米修好通商条約に満足して、それ以上の要求を求めていません。イギリスは清国との第二次アヘン戦争やインドの民兵反乱などにより、極東に軍事力を行使する余裕はなく、フランスにしてもインドシナの軍事支配に追われており、両国とも日本に手出しができる余裕はありません。南下の懸念が伝えられていた当時のロシアにしても、本国から遠く離れているため十分な補給線を持っていませんでした。つまり日本を脅かす諸外国の現実的な危険はなかったはずです。

新政府があえて宸翰を発表したのは、国民の関心を戊辰戦争から国外に向けさせて、内乱の拡大を防止する目的があったと思われます。というのも、王政復古を遂げて戊辰戦争に勝利しても、維新政権がただちに強固に確立したわけではありません。農民一揆や士族の反乱を鎮めることができなければ、政権の基盤は揺るぎます。分裂の克服、政権の求心力を確立するために、もっとも有効なのが国威宣揚の方針でした。

国内に困難な未解決の問題をかかえながら、勇ましくて景気のいい対外政策の政府を主張する傾向は、江戸後期に出現しました。江戸後期の経世思想家として知られる佐藤信淵《のぶひろ》は、国学者の平田篤胤《あつたね》に師事しています。平田は「国学の四大人の一人」として名を馳せ、尊皇復古を説いて幕末の尊王攘夷運動に影響を与えました。

佐藤信淵は平田篤胤に学んだせいか、皇国は大地の最初に成った国で世界万国の根本だと称し、ゆえに世界の人民を案ずることは日本の責任だと主張します。そのうえで日本が外国を征する場合のもっとも容易なのは中国（支那）であり、やり方がうまければ五年から七年で瓦解させることができるなどと説きました。さらに佐藤は、中国が日本の版図《はんと》（領土）に入ったならば、西域やインド等々の地域も日本の親睦となって付き従うだろうと持論を展開します。『混同秘策』という書物では、日本の統一国家構想を提示しました。佐藤に通じる思想は幕末の経世思想家に多く見られ、佐藤の構想が明治維新によって築かれた近代天皇制国家にたいへんよく似ています。そうした底流があったので、王政復古の直後、しかも戊辰戦争のさなかでありながら、国威宣揚の宸翰が出されたのでしょう。

明治維新のリーダーたちは、いかようにして政治改革をするかを議論しながら、早々と海外侵略を練っていた。そのように推断できるのが「国威宣揚の宸翰」であった。

江戸城の無血開城と会津の悲劇

さて、江戸城に籠もった徳川慶喜である。このとき慶喜から全権を託されていたのが、軍艦奉行の勝海舟だった。江戸幕府の旗本の家に生まれた勝は、海軍伝習所の長官として長崎に派遣されてもいる。練習艦・咸臨丸で太平洋を横断して訪米した経歴があり、帰国後に神戸海軍操練所（海軍塾）を設立した。

勝海舟は慶喜が恭順の意向を示している旨の手紙を、山岡鉄舟を通じて、実質的に官軍を率いていた西郷隆盛に届ける。勝と西郷の会談は一八六八年三月十三日と十四日に行われた。慶喜は故郷の水戸で謹慎し、軍艦や武器は新政府に移譲するということで落着した。

こうして江戸城を無血開城させてからも、政府軍の主導する戊辰戦争は続き、東北の会津・若松城から北海道・箱館五稜郭へと戦線をのばしていった。会津藩を中心にした奥羽越列藩同盟軍と官軍との戦いは熾烈を極めた。しかし長州藩の大村益次郎がアームストロング砲とスナイドル銃の威力を見せつけたように、官軍は編制と武器で旧幕府軍にまさっていた。

そのときの若松城について——会津藩兵だけでなく、女性や子どもが約千五百人も籠城《ろうじょう》しており、少年白虎隊《びゃっこたい》十九人の自刃《じじん》をはじめ藩兵以外の殉難も多くみられました。籠城した藩兵は約二千人だから、二万人といわれた官軍の前に勝敗の算は明らかです。それでも会津藩が奮戦したのは、孝明天皇の信任を得て以来、自分たちに正しい道理、つまり義があると確信していたからでしょう。

会津・若松城の攻略を見通せた維新政府は一八六八年十月二十三日（慶応四年九月八日）、天皇一代を元号とする一世一元の制により年号を「明治」と改めた。続いて政府は天皇親政のもとに奥羽越列藩同盟軍の征討にあたっていることを宣伝するために、天皇の江戸城入りを進める。

そして天皇は岩倉具視ら二千人とともに京都を発ち、江戸城に入った。すでに江戸を東京に改称していた。その後、天皇はいったん京都に戻るが、翌春に上京してから東京住まいを決める。

元号の制定から東京遷都に至るプロセスを通じて、維新政府は天皇の権威をより高めた。天皇を頼りに、天皇に期待して、民心を惹きつける高等戦術であった。一年半にわたる戊辰戦争は、官軍の勝利で終結する。

会津藩の運命について——勝者の敗者に対する処置は残酷そのものでした。降伏した会津藩士は全員が犯罪者として取り調べを受け、二十八万石から三万石に極限されたうえで、北海道に面する下北半島の斗南に流されました。この地に移り住んだ斗南藩の藩士や家族は、寒さと栄養失調に苦しめられ、老人や子どもが次々と命を落としたと伝えられています。薩摩と長州の藩兵は、農工商を問わず家財を分捕り、公然と〈長州藩分捕り〉〈薩州藩分捕り〉の表札を立てていたとの記録もあります。

直木賞作家の綱淵謙錠氏は『戊辰落日（下）』で、こう描写している。

〈郭内外の武家屋敷、役屋敷、神社仏閣、町家の屋並みは、兵火あるいは放火のために無惨な焼跡を曝して廃墟と化し、武士の戦死体、流れ弾に斃《たお》れた婦女の屍骸《しがい》は、そのままに見捨てられて腐臭を発していた〉

会津城下で死んだ約三千の屍《しかばね》は、何カ月も野ざらしの状態にされて、野犬や鳥獣の餌にされたという。長州藩士だった三浦梧楼の著書『観樹将軍回顧録』に次の記述がみられる。〈伏見戦争の時でも、会津の要人を焼き殺したり、負傷者を縛って地雷火に掛けたりして、手を拍ってヤンヤと囃《はや》し立ったものだ〉〈それから肝《きも》を取った〉〈至る所で肝を取った〉

死体から肝臓を取り出して、食したというのだから常軌を逸している。戦場の狂気というほかはない。こうした狂気を生み出すことで、人が人を殺す戦争ができるというのだろうか……。

会津に攻め入った薩摩藩と長州藩を主力にした官軍の横暴は、敗残兵に対する仕打ちにとどまらなかった。星亮一著『会津落城』は〈会津人柴五郎の遺書〉を紹介して、次のように書き留めている。

〈五郎の記述には、重大なことが記されていた。薩長軍の略奪暴行である。城下町には戦闘中から市場が立ち、江戸から商人が入り、略奪品を買いあさっていた。このことは天守閣からも遠望され、籠城兵は歯ぎしりして見つめた。また婦女子が捕らわれ、性の対象として扱われ、監禁同様の暮らしを強いられていた。五郎は「しかとわからず」としながらもこれを鋭くついていた。略奪や婦女子への暴行、拉致、監禁は各藩が競って行い、抵抗した婦女子を全裸にして殺し、樹木に吊り下げた例もあった。「下郎武士」という五郎の言葉の持つ意味は深いものがあった〉

こうした様を瞼にうかべるにつけ、アジア・太平洋戦争で日本軍が行ったとされる数々の暴虐と重なるようでならない。会津・若松城の戦いは、その後に繰り返される日本の戦争の悪しき一面を示しているのではなかろうか。

戦争の本質を暴いた『戦争症候群』（ジャン・バコン著、シャルル・文子訳）に、次の記述がみられる。

〈キケロ曰く、「殺すだけですんだ者を、さらに身ぐるみ剝《は》ぐのも人間の性である」。彼以前にも、ギリシャの哲学者たちは考えを同じくしていた。（中略）略奪、それは兵士への報酬である。要塞攻略が長びき、犠牲が大きくなったときは、勝った側の兵士たちには、略奪、それも一日といわず数日間にわたる略奪が約束されたのである。(中略)略奪を放任することは、兵士に精神的な落ち着きを与え、ひいて軍隊の士気を高めるには、もってこいなのである。夜を日につぐ苦悩、神経の緊張、疲労困憊から抜けだして、彼らは略奪に発散の機会を見出す。それはスポーツやヨガ以上に、心の平和を与えてくれるのである〉

さらにジャン・バコン氏は「都市の破壊」について〈敵国民の抵抗を叩きつぶし、活力を枯渇させ、労働能率を低下させ、公務を混乱させること、一言で言えば、恐怖の種を蒔くことである〉と記載し、「強姦」についても言及している。

〈強姦は略奪の自然の延長以外の何ものでもない。女性は、事実上昔から快楽の対象にしろ、家事の必要性からにしろ、一つの目的物として、家具と同じように敗者の財産の一部であったから、これをどうしようと、それは勝者の自由ということになる。(中略)過去において、強姦は常に戦士の不易の権利の一つとみなされてきたが、今日に至るもやむことなく名誉を保ちつづけている〉

戦争は兵士たちの殺し合いで終わるのではなく、そこには勝者の残虐行為が付随している。岩井さんは「薩長の藩兵は暴虐の限りをつくしたのです」と声を絞り出した。

この戊辰戦争で生まれたのが「勝てば官軍、負ければ賊軍」の言葉であった。勝った者は正義だから、たいがいのことは許され、負けた者は文句を言えない。そういうことなのだろうが、こうした戦争の不条理が許されてよいはずはなかろう。

前出の星亮一氏は〈賊軍のレッテルが貼られると、すべての人は官軍の旗になびき、我も我もと参戦した。人間はどうしてこうも非情で残酷なのか、日本人の軽薄さを感じさせる戦争でもあった。会津戦争は、悲しみの戦争であった〉と著書に書き留めている。またジャン・バコン氏は、次のように述べる。

〈どんな恥知らずな手段であれ、軍の要求に見合うと判断されれば、それで勝負に出る。しかも実に安易に行い、悩む必要などさらさらないのだ。ドイツ軍司令官がこう言った。「いかに野蛮《やばん》な行為であれ、それが軍の要求するものであれば、正当な行為となる」。これではっきりする。うしろめたい思いをしないですめば、最も効果的な武器、すなわち大量殺人向き兵器を選ぶこともしよう〉

戦争は人間を狂わせる所業であると、明治維新の戊辰戦争は教えてくれる。同じ日本人同士で、それもかつての徳川幕府で一緒だった士族たちの間で争われた、この戊辰戦争の残虐悲劇を見過ごしてはなるまい。勝てば官軍の長州と薩摩の藩兵を主力にして、日本の軍隊が誕生したのもまた歴史の事実である。

2 陸海軍の創設と徴兵令

政府直属の軍隊を創設

武力によって幕藩体制をようやく解体させると、維新政府は一八六九年に「版籍奉還」を断行する。大名と呼ばれた藩主に、土地（版）と人民（籍）の支配権を朝廷（天皇）に返還させることで、中央集権体制を固めた。

全国の藩主については、とりあえず藩知事に任命するが、封建諸藩体制の抜本的な変革にならなかった。このため政府は、一八七一年に廃藩置県を行い、諸藩をなくして政府の下に府県を置いた。そうして欧米先進国の集権国家体制に倣った。

さらに政府は各地に「人民告諭」を出した。天皇の存在を周知させる告諭で、たとえば戊辰戦争の戦場になった東北には「奥羽人民告諭」が広められた。

まず〈天子様は〉〈此世の始《はじめ》より日本の主にましまし〉と述べる。さらに〈誠に神様より尊く、一尺の地、一人の民も、みな天子様のものにて、日本国中の父母にましませば〉と続けて、幕府支配に代わる天皇制国家の正当性を説いた。「人民告諭」の狙いは、政府の命令に国民が従うように、人心の掌握を天皇に期待したのである。天皇の地方巡幸もその一環だった。

こうした官制の大改革のなかでも、とりわけ政府が力を注いだのが武力の中央集中化だった。武力で政権を奪った以上は、その維持と権力拡大のためにも武力を必要とした。維新のリーダーたちは「武力神話」を信じ切っていたのだろう。

戊辰戦争に従軍した官軍の構成は、各藩から寄せ集めた藩兵だった。戊辰戦争後はそれぞれの藩に凱旋している。論功行賞を求める者も多く、政府は藩兵の向背《こうはい》に危機感をいだいた。そこで政府直属の武力を持ち、内乱が起きた場合の鎮圧に当たらせることにした。

武力集団の統轄は一八六九年七月の改革により、軍務官を改組した兵部省《ひょうぶ》が担った。小松宮彰仁親王が兵部卿《きょう》（大臣）に、副大臣（次官）にあたる兵部大輔《たゆう》には軍略家で知られた大村益次郎（長州藩）が就いた。長州藩の医者の家に生まれた大村は緒方洪庵《こうあん》のもとで蘭学を学び、さらに医学と兵学を研究し、戊辰戦争で長州藩の指揮を執っている。

兵部省の実権を実質的に握った大村は、徴兵によって全国から兵を中央に集めて、政府直属の軍隊をつくるべきだと建白する。ところが大村は、兵制改革による解体で失職を恐れた藩兵によって京都で刺殺される。突然の出来事に兵部省は混乱をきわめたが、翌年の一八七〇年九月（明治三年八月）、大村と同じ長州藩出身の山県有朋《ありとも》が兵部少輔に就任して、大村の後を引き継いだ。

山県有朋は長州藩の下級武士の出だが、少年時代から槍術に励み、高杉晋作が創設した奇兵隊に加わっている。戊辰戦争では会津征討総監の参謀として転戦した。

このとき山県は、西郷従道《つぐみち》（西郷隆盛の実弟）らとヨーロッパに渡り、フランスのパリ、イギリスのロンドンを巡り、ベルギーやオランダからドイツ（プロシャ）のベルリンに足をのばして帰国したところだった。一行の旅の目的は軍事と軍政の調査であり、山県は各国の軍隊の実態をつぶさに見てきた。まずは武力ありきであった。

徴兵制について——戊辰戦争で政府軍として活躍した諸藩兵をそのまま維持するとなれば、財政破綻になるのは必定でした。旧来の封建的身分制にもとづく軍隊組織の非効率性は、戊辰戦争で証明済みです。家柄のいい武士が、指揮官としての適性をもっているわけでもありません。免許皆伝の剣法の名人でも、剣付鉄砲を持った一歩兵に簡単に射殺されてしまいます。政権にとって必要なのは、身分制を克服した能力本意の兵制と、その当時は最新式とされていた銃や砲の装備でした。

軍備の増強を目指す山県はドイツ式の軍隊を評価していたが、すでに大村がフランス式の軍隊建設を進めていたため、さしあたりこの既定路線に従って構想を練った。しかし大久保利通ら薩摩藩は「精鋭の藩兵による常備軍」を主張する。版籍奉還が実施されたとはいえ、諸藩体制が残っていたからである。

そこで山県は反対者の多い徴兵制を実施する前に、政府直轄の軍隊を持つことを考えた。手順として山県は、西郷隆盛が率いる薩摩藩の藩兵を引き抜くことに決めて、西郷に薩摩の兵を率いて上京してほしいと協力を求める。西郷の決断により一八七一（明治四）年に薩摩・長州・土佐の三藩から兵を出し、約一万人から成る「御親兵」が組織された。これが最初の国軍だった。政府はこの兵力を背景にして「廃藩置県」を断行する。武士の職を奪うことで、武力を中央に集める狙いもあった。

廃藩置県と徴兵について――薩長土(薩摩・長州・土佐)というかたよった勢力だけの軍事力では各方面の勢力の不満を誘発するので、全国からの徴募に切り替えていかねばなりません。その経費は膨大なものになります。廃藩置県の構想はこうして長州の山県有朋、野村靖、鳥尾小弥太《とりおこやた》からはじまり、財政家の井上馨《かおる》を動かし、そして木戸孝允《たかよし》(桂小五郎)を説得しました。木戸は薩摩の軍事指導者だった西郷隆盛の同意を得て、さらに西郷は大久保利通の賛意を得たのです。

事実上、政府の最高位にあった三条実美《さねとみ》と岩倉具視に廃藩置県の計画が打ち明けられたのは明治四年(一八七一年)七月十二日で、二人は賛同しながらも狼狽したと伝えられています。ともあれ各藩知事(旧藩主)は、十四日に急に呼び出しを受けて朝廷に出頭しました。そこで寝耳に水の廃藩が言い渡されたのですから、まさに疾風迅雷のクーデターです。藩知事のそばに旧藩兵はいなく、圧倒的に優勢な薩長土の御親兵に囲まれた状況ですから、廃藩の言い渡しをお請けするほかはありませんでした。こうして旧藩主たちに臣属した士族の軍事力は、徴兵令（明治六年）の施行で消えていくのです。

廃藩置県に続いて散髪廃刀の許可や土地売買解禁などの開明施策が行われた。いずれも軍事力を背景にした専制と抑圧によった。

山県は兵部大輔になって兵制統一の主導権を握ると、さっそく政府直轄の軍隊として鎮台を設置する。鎮台は要所の治安維持を目的にしており、まず東京、大阪、鎮西（九州）、東北に置いた。こうして全国の兵制を統一するのだが、このとき山県は「いわゆる親兵は其の実、聖体を保護し、（鎮台兵は）内国を鎮圧するの具にして」と語っている。鎮台兵と御親兵をあわせると約一万四千三百人になり、これが最初の陸軍兵の数だった。

海軍については、一八七〇年（明治三年）に兵部省が海軍創立に関する議を建てた。〈これには「外国概して我を軽視し、魯《ろ》国は駸々《しんしん》我北境に侵入し、又眼を対州に注ぎ、勉めて宿志を達するの一助を得んとす」といって、ロシアの東侵政策に脅威を感じ、進んで「皇国今日の事、上下一心、全国協力、至速に強大海軍を振起し、之を用て数千歳赫々《かくかく》たる我皇国を擁護し、内地は尽《ことごと》く外兵を逐《お》ひ、北海は拓《ひらけ》て尽頭に至り、更に朝鮮を復して属国と為し、西支那を連ねて、魯虜の強悍《きょうかん》を圧制する外他事なかるべし」と述べるが、ここにも大陸への積極的進出思想を露呈させている。つぎに「以後海軍の儀は、都て朝廷に於て開かせられ」とて、海軍を国軍の海軍となすべきことを主張し、軍艦大小二百隻、人員二万五千名を二十か年に完成することを目標としている。そしてその基礎として、海軍士官を養成するために学校の設立を要請し、「軍艦は士官を以て精神とす。士官なければ、水夫其用を為す能はず、水夫用を為さざれば、船其用を為さずして、無用廃物となる」と切言している〉(松下芳男著『明治の軍隊』)

兵部省の「海軍創立に関する議」はロシアの脅威をあげて、国軍としての海軍の創設を訴えている。ロシアの脅威については一八七一年十二月、兵部大輔の山県有朋が兵部少輔の西郷従道らと連名で政府に提出した意見書にもみられる。

〈今や魯国セバストポールの盟約を破り益々南進せんとす。此時に当り常備精兵を備え無数の予備兵を設け戦艦を造り砲台を築き将士を育し器械弾薬を製造貯蓄するに至ては、国家実に其の費用に勝《た》ふべからずと雖も、是れ必要の大事止めんと欲して止むべからず。備へざらんと欲すとも一日も備へざるべからざるものなり。今日四海万国皆然らざるなし。況んや北門の強敵日に迫らんとするの秋《とき》に於てをや〉(岡義武著『山県有朋』)

軍事意見書とロシア情勢について――この軍事意見書は、兵部の当面の課題は国内の治安に備えることだが、外への備えを十分にすれば国内の治安にも役立つとして、はやくも対外的軍備の必要から〈時に緩急あり事に先後あり〉と説き、他の政策に先駆けて軍備の充実をはかるべきだと主張しています。

その根拠として、ロシアがバルカン半島やトルコに進出しようとしている情勢をあげ、ロシアの南下政策が日本にとって〈北門の強敵〉となっていると強調しました。これは一種の強弁であって、ロシアがただちに日本に脅威を及ぼすような事態ではなかったのです。将来的に、ロシアが当時の満州や朝鮮に影響を持つのではないかという判断だけで、廃藩置県後の日本に対外軍備の必要を力説するのは、やはり異常というほかはありません。山県はその後も、ことあるごとに対外軍備の拡張が必要だと強調するのです。

他国の軍事的脅威を強くアピールして、自国の軍拡を図る常套《じょうとう》手段であるが、明治四年にしてこうだった。ロシアの脅威を示して、軍備の増強を訴える山県らの意見書と海軍創立の建議は、岩井さんが着目した「国威宣布の宸翰」に沿った内容だった。

翌年の明治五年二月、兵部省は陸軍省と海軍省に二分される。三月には「御親兵」を「近衛兵」と改め、文字どおり「天皇の軍隊」を明確にした。ことほどに明治維新の主導者たちは戊辰戦争をへて、常備軍をつくることに邁進するのだった。

ここで見逃せないのは、陸軍省と海軍省とに二分するに当たり、政府が制定した「海陸軍刑律」である。徴兵令が施行される前年の制定なので、主な対象者は元藩兵たちだった。〈全編二〇四条よりなる広範なものであるが、その第一の特徴は、刑罰がきわめて峻厳なことである。謀叛《むほん》、徒党、奔敵、戦時逃亡等の罪はことごとく死刑とするという刑の厳しさは例をみない。第二の特徴は、封建的身分制度を強く残していることである。それは刑罰の種類が、将校では自裁（切腹）、奪官、回籍、退職、降官、閉門の六種、下士は死刑、徒刑、放逐、黜《ちゅつ》等、降等、禁固の六種、卒夫には死刑、徒刑、放逐、杖《じょう》刑、笞《ち》刑、禁固の六種となっており、将校は武士道で通し、下士卒夫は百姓町人扱いである。こうした厳格な刑罰で、軍紀の維持をはかったのであった〉（藤原彰著『日本軍事史上巻』）

刑罰に「切腹」があるのは驚きだが、武士の世界ではむしろ当たり前だった。

切腹の一例が示すように、明治維新はとかく武士道の「尚武思想」を引きずっていた。

中央に元藩兵たちを集めて統率していくには、死刑などの厳罰をもって対処するしかなかったようだが、明治五年に制定された「海陸軍刑律」に日本型軍紀の原型をみることができる。

国民皆兵の兵役制度

廃藩置県による藩兵の解散は、おのずと「徴兵制」に弾みをつけた。山県有朋は兵部大輔として、意見書「論主一賦兵《ふへい》」を公表する。いわば「徴兵令の草案」であり、山県は〈壮兵を廃棄し、賦兵一般の制度を建てん〉と基本方針を示している。士族の軍隊ではなく、民兵による軍隊を築くとし、民兵は壮兵（志願兵）ではなく賦兵（徴兵）によるとした。この意見書にもとづいて一八七一（明治四）年十一月、明治天皇による「徴兵の詔《みことのり》」が発布される。その概要は――わが国の古来の兵制は、壮年の男子を募って軍団を形成していた。明治維新にあたり、古来の兵制にならって、徴兵制を設けて国家保護の基礎を築いてほしい――。そうして徴兵の告諭を命じたのだが、同じ日に太政官は「徴兵告諭」を発している。「徴兵の詔」と同様の趣旨だが、兵役の義務を厳しく求めた。

【徴兵告諭】の概略（口語訳）

〈わが国の古代の制では、国をあげて皆兵士となる定めであった。……およそ天地の間にあるものでひとつとして税のかからないものはない。その税を国費にあてる。したがって、人間たるものは全能力をささげて国に報いるべきである。西洋人はこれを血税とよぶ。その生血で国に報いるという意味である。……西欧諸国は数百年来、研究・実践して兵制を定めてきた。……だから今、西洋の長所を取り入れて古来の軍制を補い、海陸二軍を備え、全国の国民で男子二十歳になった者はすべて兵籍に編入し、国家の危急に備えなければならない〉

軍隊を維持するための税を求めたのは、翌年に布告される「地租改正」を念頭においたとみられる。ともあれ一八七三（明治六）年一月、政府は徴兵令を布告し、初めて兵役制度を導入した。男子は二十歳になると徴兵検査を受け、合格者は抽選により三年間、常備軍に服役しなければならなかった。

〈旧支配階級である武士団から成る階級的軍隊にかわって、国民皆兵制度による大衆的軍隊を編成することであり、反政府、反動の拠点である軍隊を、政府に忠実な武力に変えようとしたのである。しかし、フランスを例にとった国民皆兵制度は、元来はブルジョワ革命によって開放された農民を階級的基礎とするものであった。土地改革、農民解放をおこなわないままで、国民国家の制度である徴兵制をとり入れたことに決定的な矛盾があった。（中略）この徴兵は地租を負担しない農民に対する封建的賦役にほかならなかった。徴兵令発布に際しての太政官告諭が「西人《せいじん》之ヲ称シテ血税トス。其生血《せいけつ》ヲ以テ国ニ報スルノ謂《いい》ナリ」と「血税」の字句を用いたのも当然である。この徴兵令に反抗して、農民一揆《いっき》いわゆる「血税一揆」が広く起るのは、まさにこの賦役の本質をあらわしていた。（中略）一方では封建的身分秩序を重んじ、近代的軍隊の階級制度になじまない壮兵をかかえ、他方では近代的軍隊に必要な自発性をまったくもたない賦役同然の徴兵をかかえて、軍隊内の秩序を維持しなければならないという矛盾であった。そしてこの矛盾が他に類をみない軍紀の強調と、峻厳な刑罰による服従の強制と成るのである〉（藤原彰著『天皇制と軍隊』）

日本の軍隊は、その発足時の事情からして、厳格な紀律を存立の要件にしていた。軍紀と服従の強制は、その後も日本軍の特徴として残った。

第二章　軍事体制の強化と海外派兵

1　台湾そして朝鮮へ出兵

征韓論と西郷隆盛の下野

江戸時代は門戸を制限した対外政策をとっていたが、朝鮮とは対馬藩を通じて外交を維持していた。その朝鮮に攻め入ろうという征韓論争が起きたのは、徴兵令が布告された年の一八七三（明治六）年だった。

明治政府を巻きこんだ征韓論争は、決して穏やかではない。もっともペリーの来航後から、長州藩の吉田松陰は「国力を養い、取り易き朝鮮、満洲、支那を切り随え、交易にて魯国（ロシア）に失うところは、また土地にて鮮満に償うべし」と、大陸への膨張策を訴えていた。松陰が萩に開いた松下村塾には高杉晋作、伊藤博文、山県有朋、山田顕義《あきよし》、木戸孝允らが学んでいる。

征韓論について――徳川時代の日朝関係は平穏で特に問題はありませんでした。幕府の許可を得た対馬藩の宗氏が国交にあたり、朝鮮は将軍の代替わりごとに朝鮮通信使と呼ばれた使節団を江戸に送っています。状況が一変したのは明治維新になってからです。対馬藩が朝鮮に対し、国書の主体が〈大君（将軍）〉から〈皇上（天皇）〉に代わった旨を通知すると、朝鮮は国書を受け取りません。朝鮮は清国の冊封《さくほう》体制（朝貢制）下にあったので、〈皇〉の字を使えるのは清国の皇帝に限るというわけです。

それまで朝鮮への国書には、徳川将軍が〈源某〉と書き、朝鮮からの国書は将軍に対して〈大君〉と書きました。室町時代の対明国書で足利将軍は〈日本国王源某〉と自称しましたが、〈王〉は明の皇帝に朝貢する服属的関係を示しています。江戸期の対朝鮮国書では〈王〉の称号を使わず、朝鮮にも〈大君〉と呼ばれることで、日本が清に服属する国ではなく、また外交権を握るのは将軍であって、その上位に天皇が存在することを暗示したのです。この点は見逃せないでしょう。

明治政権が成立すると、政府はまず外交権を一手に握ることを目指します。幕府が維持してきた列国との外交関係は、各国の公使たちに王政復古を通告し、条約上の〈大君〉の名称を〈天皇〉に切り換えることを了承してもらいました。しかし、朝鮮との関係は一遍の通告では片づかなかったのです。日本が従来の〈大君〉に代わって〈皇上（天皇）〉の名を使うのは、朝鮮国王より高い地位に立とうとする野望を持っているのではないかとみなして、朝鮮は日本の外交姿勢に警戒をいだいたようです。

明治政府にしてみれば、朝鮮の言い分を認めると、王政復古によって成立した政権の正当性が貫けません。そこで政府は明治三年、外交官の佐田白茅《はくぼう》や森山茂らを朝鮮に派遣して交渉しますが、〈皇〉や〈勅〉の文字が見られる国書は受理できないと強硬です。帰国した佐田は報告書と意見書を政府に提出するのですが、その内容は征韓論の原型ともいえるものでした。

岩井忠熊さんによると、佐田白茅の意見書は――朝鮮は皇国を蔑視しているから、皇使一名、大将一名、少将一名に三十大隊を率いさせて王城を攻め、朝鮮全土を占領する。成功すれば「蝦夷呂宋《えぞルソン》琉球満清朝鮮もみな日本の藩屏《はんぺい》」とすることができるし、征韓の経費などは実行すれば六カ月で回収できる。また日本国内には旧藩兵が多く、私闘内乱の恐れも出てきているので、彼らの鬱勃《うつぼつ》の気を朝鮮に向けるのもよい――という趣旨だった。

不平士族の対策としても征韓は有効だと付言したが、反対意見も少なくなかった。岩井さんは「当時、対朝鮮問題を日本の国家的威信とみた人たちはいましたが、そこに切実な利害関係のあることを主張した人はいなく、つまり差し迫った問題にはならなかったのです」と語る。

それでも佐田は譲らない。尊皇攘夷運動に邁進して藩籍を解かれた佐田には、征韓論を建白して外交官になった経緯がある。佐田は「君辱《はずかしめ》らるれば、臣死す。実に天を戴かざるのあだ也。必ず之を伐《う》たざれば、即ち皇威立たざる也。臣子に非《あらざ》る也」と檄を飛ばして、激烈な征韓論を説いた。使者を朝鮮に送るのではなく、軍隊を送って武力を行使すべきで、三十大隊を率いて王城を攻め、朝鮮全土を占領しよう――と佐田は声をからすのだった。

森山にしても同様で、兵力で威圧し、それでも応じなければ征伐に打って出るしかない、と主張している。

そうした積極的な征韓論が出るなかで、西郷隆盛は自ら朝鮮に乗りこんで交渉すると立ち上がった。

西郷隆盛と征韓論について――西郷の主張は、すぐに朝鮮に軍事力を出せというものではありません。兵力を率いずに単身で朝鮮に渡り、礼装して交渉に臨むという心積もりでした。表向きは礼装しての平和交渉ですが、西郷は周辺の人に、朝鮮側は自分を「暴殺」するだろうから、そのときはそれを理由に軍事力を差し向けて朝鮮を征服できる、と語っています。

太政官の閣議で、西郷の朝鮮への派遣は決定された。だが、このときの閣議は首脳陣の総意ではなかった。というのも岩倉具視を特命全権大使とする米欧使節団に、木戸孝允や大久保利通、伊藤博文ら四十八人が加わって日本を離れていたからである。岩倉視察団は不平等条約の改正を目指す事前交渉と欧米文明の視察を目的としており、一年以上にわたる洋行のため西郷が留守政府をあずかった。留守政府は西郷のほかに、板垣退助や江藤新平ら征韓論者の参議がそろっていた。

ところが、岩倉具視らが一年十カ月ぶりに米欧視察から帰国するや、状況は一変する。

岩倉は、士族や農民の反乱が起きている、だから今は国内を平定することが先決だと主張して、西郷の朝鮮派遣に反対を唱える。岩倉の主張に欧米視察団のメンバーである大久保利通や木戸孝允らが賛同し、「征韓論」に対して「内治優先論」が形成された。

とはいえ、大久保や木戸の選択肢に征韓戦略がなかったかといえば、決してそうではなく、優先順位として「内治」を選んだ。長州藩の出身者の多くが、むき出しに「侵亜」を主張した吉田松陰の弟子だったことから、維新政府はそうした思想を内在していたとみることができよう。

岩倉具視の主張について——欧米諸国を視察して、それらの国々の経済力や軍事力、そして内政の整備を学んだ岩倉にしたら、いま力を注ぐべきは国力の増進と、それを可能にする国内体制の確立だと信じていました。そうした方策なしに朝鮮に出て行けば、欧米諸国の干渉をうけて、かえって日本の威信が低下する恐れがあると考えたのです。

西郷隆盛の「征韓論」に対して、岩倉や大久保の「内治優先論」は激しく対立した。おさまらないのは西郷である。閣議決定までされていながら、朝鮮派遣の道を閉ざされたのだから、西郷は激怒して閣僚を辞職する。板垣退助、後藤象二郎、副島種臣らの参議も西郷に同調して下野した。

この「明治六年の政変」により、維新政府は大分裂に至った。西郷らの反官僚派と岩倉や大久保らの官僚派の権力争いだったとの見方もある。

琉球王国を琉球藩にして、台湾に出兵

征韓論争をめぐる「明治六年の政変」を乗り切った政府の実権は、薩摩藩出身の大久保利通に帰した。鹿児島の旧藩は下野した西郷隆盛の側につく者が多く、大久保への支持はほとんどなかったが、中央では大久保が権勢を握っていた。

大久保利通と薩摩藩について――大久保は長州の伊藤博文、井上馨、山県有朋、肥前の大隈重信ら有能な人物を取り込み、さらには一緒に欧米視察に行った黒田清隆、大山巌、西郷隆盛の実弟・従道ら在官の鹿児島出身者に強く支えられていました。

大久保政権は秩禄処分を断行するなど、不平士族の反発を買う政策を実行しますが、鹿児島県政は西郷党によって動かされ、まるで独立県でした。各府県で実施された地租改正も鹿児島県ではなされず、県政の実態は旧藩政のままだったというのが実情のようです。長州出身の木戸孝允は大久保の放任政策に不信を募らせますが、大久保にしたら強行策をとれば鹿児島士族の暴発を招きかねないとの判断があったのでしょう。そこで大久保は、鹿児島士族の不満を緩和する策に打って出たのです。
それが近代日本として、初めてとなる海外への派兵でした。

大久保利通は琉球島民の殺害事件を利用して、軍事行動に打って出るのだった。
琉球島民の殺害事件は一八七一（明治四）年十一月に起きている。琉球王国の帆船が台湾に漂着した際、五十四人の乗員が原住民に殺害された。琉球は独立していたが、清国と旧薩摩藩に朝貢する「両属関係」にあった。鹿児島県参事の大山綱良《つなよし》は政府に〈皇威に仗《よ》り、問罪の師を興し、彼を征せんと欲す〉と建議し、報復の出兵を訴えた。

清国との交渉について——外務卿の副島種臣が大使として清国に滞在中に、この問題を清にただしています。このとき清は、台湾は領土であるが生蛮《せいばん》(台湾の原住民)は化外《けがい》の民なので清国の支配に属していない、と弁明しました。清国としては、琉球王国を藩属地とみなしているので、琉球島民の台湾における事故は生存者の送還で落着済みとの立場でした。

明治政府は一八七二年九月、勅令により琉球王国を琉球藩として、一方的に日本に組み込んだのです。そのうえで琉球島民の殺害は日本人の事件として、清と交渉に入りました。だが清は、統治の及ばない「化外の民の事件」だとの主張を繰り返します。大久保にとって、すべては想定内のことで、「化外の民」を征伐する名目を掲げて台湾出兵を決めたのです。

鹿児島士族の不満解消策といわれる台湾出兵ですが、大陸進出への口実だったとみることもできます。というのも明治元年に、天皇の名によって出された国民向けの手紙「国威宣揚の宸翰」に「万里の波濤を拓開し、国威を四方に宣布し、天下を富岳の安きに置かんことを欲す」とあるからです。

清国の領有する台湾に出兵することで、台湾東部への武力干渉と占領を清に認めさせ、そのうえで琉球の清に対する服従を断ち切る、この二点は国威宣揚に通じます。つまるところ大久保利通は、自身への支持の挽回はもとより、日本の国家的威信を確立できるとみて出兵を決めたのでしょう。

一方、軍拡の旗振りでもあった山県有朋だが、台湾出兵については慎重を期していた。兵士の訓練が不十分なうえ、装備にしても不完全だったので、清国と戦端を開くことだけは避けねばならないと考えたようだ。

しかし、一九七四（明治七）年五月、陸軍中将の西郷従道が率いる約三千五百の兵は、台湾に攻め込んだ。そうして台湾に上陸した日本軍だが、先住民地区を制圧したものの十二人が戦死し、風土病マラリアで五百人以上を失った。

清は日本に抗議して撤兵を求めたが、清国駐在の英米両公使の仲介もあって和議が進められた。この結果、清は見舞金を払い、日本の出兵をやむを得ない「義挙」であったと認めた。日本は名目を維持して、軍を引きあげたのだった。

日本に有利な和議について――欧米諸国は、すでにアヘン戦争後に香港や上海に進出しており、日本の台湾占領を認めたくなかったので、当時の万国公法（国際法）

による事態の平和的処理を望んだのです。そのうえでイギリスは、日本を取り込んで清国の内地開放を目指すつもりでした。アメリカにしても、将来の市場として中国大陸に期待があり、その際は日本に協力を求めたいので、台湾問題での摩擦を避けたと思われます。

こうして日本は英米両国の支持のもとで賠償金を要求したのです。大久保ら政権中枢にいる者は、英米などが東アジア諸国の全面的開国と自由貿易体制の前進を強く希望し、そのためゆえに日本の国益を求める行動を後押ししてくれると理解し、期待もしたのです。だから、朝鮮への積極的な軍事進出を開始しました。

台湾出兵による日本の派兵数は三千六百五十八人で、戦死は十二人、病死は五百六十一人だった。軍費は五百万ドル、見舞金は十万銀両といわれ、損得勘定では決して得をしたことにはならない。

しかし清国が、日本の台湾出兵を「民を保つ義挙」と認めたことで、琉球を日本領と承認させたことになると、大久保は独自の解釈をした。だが清国は、日本の琉球支配を認めたわけではなかった。

日清修好条規の精神を反故

歴史の針を戻して、明治維新直後の日本と清国の関係を整理しておきたい。旧幕府時代にあって、清国とは長崎にかぎって貿易取引をしていた。明治政府は朝鮮の開港を見こんで、新たに日清間の条約を結ぶことを急いだ。廃藩置県を終えてすぐの一八七一年（明治四年）に調印され、二年後に批准されている。

欧米列強から不平等条約を押しつけられた両国が、日本側の全権大臣・伊達宗城《だてむねなり》と清の実力者・李鴻章《りこうしょう》との間で初めて対等の条約を結び、理想を謳《うた》ったのが第一条だった。岩井さんが注目する第二条には、こう書かれている。

第二条　両国好《よし》ミヲ通セシ上は必ス相関切《かんせつ》ス、若シ他国ヨリ不公及ヒ軽藐《けいびょう》スル事有ル時、其《その》知ラセヲ為サバ、何《いず》レモ互ニ相助ケ、或ハ中ニ入リ、程克《よ》ク取扱ヒ、友誼《ゆうぎ》ヲ敦《あつ》クスベシ。

列強の駐日公使から「日清同盟」ではないかと懸念が出され、日本国内でも反対があった。だが政府は、そうした主旨ではない、と反論してかわす。諸外国からの疑義に対して、そらとぼけてやり過ごす姿勢は、すでに始まっていたようだ。
一八七九年（明治十二年）四月、政府は武力によって琉球の威圧に乗り出した。まず陸軍を琉球に出動させ、首里城を接収して「琉球処分」を断行する。こうして琉球の廃藩置県を強行し、沖縄県にしたのだった。

琉球処分について——沖縄置県の四カ月後、アメリカの前大統領グラントが清国訪問の後に日本にも来訪し、明治天皇の謁見や政府首脳と意見交換がもたれました。天皇との会見記録を読みますと、琉球問題に言及してグラントは、欧米諸国から干渉される前に清国との間に合意を取りつける必要があると勧告しています。日本に近い隣国との友好関係を維持することが大事だというわけです。グラントの勧告を受けた日本は、いわゆる分島・改約案を清国と話し合いました。沖縄本島と宮古・石垣島などの八重山列島を分離し、前者を日本領、後者を清国領とする、この措置と引きかえに、清国は日本に欧米列国と同様の通商権を与えるべく日清修好条規を改定する——という提案です。
この日本政府の提案をみるかぎり、沖縄を日本民族の不可分な一体とはみなしていなかったことがわかります。いずれにせよ、武力の威圧をもって沖縄の廃藩置県を断行し、清との関係を断ち切ったのですから、清が日本に対して反発と警戒心を強めたのも無理からぬことだと思います。

結局、清は日本からの提案を受け入れず、協議は成立しなかった。結果的に、琉球は分断されなかったのである。

欧米中心の国際法の秩序に自ら飛び込もうとする日本に対して、李鴻章はそのことを危険視した。だが欧米の帝国主義に追随していた日本政府は聞く耳を持たず、日清修好条規の「助け合い精神」は生かされることはなかった。

日清間の対立は強まり、やがて日清戦争へと発展するのだった。

日本が挑発した江華島事件

明治維新は米国の黒船来航に始まるが、朝鮮王朝にとっての黒船は、なんと隣国・日本の軍艦だった。台湾出兵の翌年にあたる一八七五（明治八）年の九月二日、軍艦・雲揚は朝鮮沿岸を測定して帰る途中、飲料水の補給を名目に江華湾に無断で侵入した。江華島は朝鮮の首府・漢城（現ソウル）に通じる水路の入り口だった。

朝鮮にしたら、日本の軍艦による領海侵入事件であり、江華島の砲台から雲揚に向けて砲撃がなされた。しかし雲揚には届かず、逆に雲揚が応戦して砲台を破壊した。江華島事件は、日本の計画的な挑発行動によるものだった。

朝鮮への挑発行動について――釜山で開港交渉に当たっていた外務少丞《しょうじょう》の森山茂が、江華島事件の前に軍艦の発遣と海域の測定による意見書を出しています。日本政府は森山の意見にそって、挑発行動を起こしました。挑発行動に出る前に、日本海軍はあらかじめ江華島砲台の大砲の射程距離を調べています。雲揚はその射程外の、さらに長い射程の大砲で応戦したので、日本側に被害が出るはずもありません。朝鮮側の砲台を破壊してから、日本の陸戦隊が上陸して江華島を占拠するのです。

日本政府の思惑通りの展開でした。事後処理にあたって政府は、黒田清隆を全権大使として朝鮮に派遣します。このとき黒田は、六隻の艦船と八百人を超える人員を率いて江華島に向かいました。まぎれもなく威嚇《いかく》外交であり、アメリカの公使館からペリー提督の行った砲艦外交を、事前に伝授されていたのです。
また政府は、フランス人の内閣法律顧問ボアソナードに、交渉が決裂した場合に日本が開戦できる国際法上の条件について調査を依頼しています。陸軍卿の山県有朋が部隊を率いて下関で待機するなど、武力を背景にして交渉に臨みました。
こうして日本政府は翌年の二月、朝鮮に不平等な日朝修好条規を押しつけた。

【日朝修好条規】（骨子）

第一款　朝鮮国は自主の邦《くに》にして、日本国と平等の権を保有せり。嗣後《じご》両国和親の実を表せんと欲するには、彼此《ひし》互いに同等の礼儀を以て相接待し、毫《ごう》も侵越猜嫌《しんえつさいけん》する事あるべからず。

第八款　嗣後日本国政府より朝鮮国指定各口《かくこう》（それぞれの港）へ時宜《じぎ》に随い、日本商民を管理するの官を設け置くべし。若《も》し両国に交渉する事件ある時は、該官《がいかん》より其所の地方長官に会商《かいしょう》して弁理せん。

第十款　日本国人民、朝鮮国指定の各口に在留中、若し罪科を犯し朝鮮国人民に交渉する事件は、總《すべ》て日本国官員の審断《しんだん》に帰すべし。若し朝鮮国人民罪科を犯し、日本国人民に交渉する事件は、均しく朝鮮国官員の査弁《さべん》に帰すべし。

条規の第一款に「朝鮮国ハ自主ノ邦ニシテ、日本国ト平等ノ権ヲ保有セリ」と書きこんだのは、清と朝鮮の「宗属関係」を意図的に無視する狙いがあった。また第十款では領事裁判権を認めさせた。

岩井さんは「江華島事件により、まず朝鮮に対して、「五箇条の誓文」と同じ日に出された〈国威宣揚の宸翰〉を実行したのです。日本の朝鮮への進出は、朝鮮国内に親日派と親清派を生んで、日清戦争の導火線となります」と語る。

江華島事件には、日本の大陸侵略の野望が透けて見える。

2　西南戦争をへて軍政改革

士族の反乱と西郷隆盛の挙兵

明治維新による「王政復古」は、公卿の実力者だった岩倉具視と討幕派の藩士をまとめた薩摩藩の大久保利通を主軸にして実現した。

その大久保は内務卿として佐賀に赴き、文官でありながら鎮台兵を指揮する。国策に異を唱える組織的な反乱に、政府が危機感を懐いていたからにほかならない。こうした不平士族の反乱は各地で起きたが、西南戦争で山場を迎える。

〈秩禄処分で収入をカットされ、廃刀令で刀を取り上げられ、特権が片端から廃止された士族の間には不平不満が渦巻いていた。74年の佐賀の乱、神風連の乱（熊本）、秋月の乱（福岡）、萩の乱（いずれも76年）と各地で不平士族の反乱が相次いだ。その最大にして最後の反乱が西南戦争だった。73年、征韓論に敗れて下野した西郷隆盛は、彼を慕って結集した士族とともに私学校党をたて、反政府勢力をなした。全国の不平士族が西郷に決起を迫ったが、これには慎重に対処して応じなかった。しかし、政府を無能弱体と考える西郷は国の行く末をじっと見守っていた。鹿児島県内は血気にはやる士族たちを、西郷という大きな統率者が押さえている状態だったのである〉（『毎日の3世紀上巻』）

鹿児島の武器や弾薬は士族のものであるのに、軍艦を使って大阪に運ぶ、そのような政府のやり方は許せない、と西郷を師とする私学校生たちは激怒した。一八七七年（明治十年）二月、西郷は約二万人からなる私学校生の兵に背中を押されて立ち上がった。

一方、西郷の蜂起を察していた政府は、西郷軍を「逆徒」と決めつけたうえで、天皇の詔書を布告する。「有栖川宮熾仁親王を鹿児島県逆徒征討総督に任するの勅語」は〈朕、卿《けい》を以て鹿児島県逆徒征討総督に任し、陸海軍一切の軍事、並に将官以下黜陟《ちょっちょく》賞罰挙て以て卿に委す、卿、黽勉《べんべん》従事、速に平定の功を奏せよ〉と檄を飛ばしている。

卿は熾仁親王を指し、この後に続く「謹解」によると、逆徒は〈朝廷の命に従わない人々の意〉で、黜陟賞罰は〈功ある者の官を進め、功なき者を退け、戦功に応じて褒賞に差異をつける〉、黽勉従事は〈逆徒の征服にあらん限りの努力をする〉という意味である。

西南戦争の顛末について、『毎日の3世紀上巻』はこう記している。

〈西南戦争の勝敗の分かれ目となったのは、3月4日から始まり3月20日まで続いた田原坂の戦いであった。田原坂は熊本の北10数キロにあり、そう急ではないが、両側が高く切り通し状になっている。突破しようとする政府軍と守る西郷軍は激しくぶつかった。守るに有利で「越すに越されぬ田原坂」を政府軍が越えたのは、大砲と新型のスナイドル銃（元込式）の威力だった。政府軍は1日32万発の小銃弾を撃ったとも言われる。両軍ともに兵力1万数千、開戦以来の死傷者は7千人強と、これもほぼ同数だった。（中略）77年4月14日、西郷軍は熊本城の包囲を解いて撤退した。この頃には西郷軍8千に対して政府軍は3万人を超え、優劣は明らかになる。都城攻防戦、長井の決戦と激しい戦いに敗れ、8月16日ついに各隊の編成を解いた。西郷につき従う精鋭は、苦難の行軍のすえに鹿児島に入り、自然の要害・城山に堡塁《ほうるい》を築く。9月24日、政府軍の総攻撃が始まり、西郷は自決を覚悟して進軍中、配下の別府晋介に介錯《かいしゃく》を命じた。享年50歳、最後の武人の壮烈な最

期であった〉

この西南戦争を境に、政府軍は国内の鎮圧だけでなく外征型の軍隊を目指して、さらなる軍備の増強へと突き進む。明治維新のリーダーたちは、積極的武力主義で通っていたのである。

ところで西南戦争の渦中に、維新の三傑で知られた木戸孝允が病死している。一八七七年五月のことで、木戸は四十五歳だった。

木戸、西郷の亡き後、維新の三傑の最後の一人だった大久保利通は一八七八年五月、馬車に乗って参内の途中だった。そのとき突然、現れた六人組の一人が「石川人士族、島田市郎」と名乗り、刀剣を突きだして大久保の腹部を貫いた。

大久保は四十九歳で鬼籍に入り、そして維新の三傑は誰もいなくなった。

維新政府の手法について――維新政権は西南戦争の勝利で確立したと言えるでしょう。維新政権は確かに日本近代化の糸口をつくり、開明政策を軸にして国民統合を成し遂げました。しかし、その手法は軍事力の行使による、抑圧と専制なのです。

「軍人訓戒」と陸軍参謀本部の独立

近代史で陸軍兵士のクーデターといえば、皇道派の青年将校が内大臣や大蔵大臣らを暗殺した「二・二六事件」(一九三六年)を想起するが、それまで唯一の反乱は「竹橋事件」だった。西南戦争が終結した翌年の一八七八(明治十一)年八月二十三日、東京・竹橋の近衛砲兵大隊から約二百六十人の兵士が決起した。

近衛砲兵は強豪で知られた。急進的な征韓論者が多かったので、竹橋事件は西南戦争の余波とみる向きも少なくない。西南戦争で維新政府が、士族に頼ったのは事実である。

「竹橋事件」に加わったのは二十代の若い兵士が多く、彼らは恩賞の減額や西南戦争の論功行賞の遅れなどに、強い不満を持っていた。蜂起した兵士は、自分たちの隊長や士官らを殺害したうえで、大蔵卿だった大隈重信の公邸に銃撃を加え、周辺の民家に火を放った。明治天皇に直訴しようと、仮皇居(赤坂離宮)に迫ったところで、鎮台兵によって制圧される。銃殺刑は五十三人で、その平均年齢は二十四歳だった。

兵士の反乱に衝撃を受けた陸軍卿の山県有朋は、竹橋事件から五十日後の十月十二日、陸軍に「軍人訓戒」を配布する。軍の統制と軍紀の厳正をはかるうえで、あるべき軍人精神を兵士に求めたのだ。山県が書いた日付が八月になっているので、早くから兵士のクーデターを懸念していたに相違ない。「軍人訓戒」は次の通りである。

【軍人訓戒】（概要）

〈軍人の精神を維持し、徳義を成立するは、我が陸軍に於て特に今日に始まるに非ず、我が国古来より武士の忠勇を主とする〉〈今の軍人たる者は、縦令《たとえ》世襲ならずとも武士たるに相違無し。されば武門の習ひにて、忠勇を宗とすべきは言ふ迄も無き事なり〉〈忠実勇敢の二元行は、我々祖先より遺賜にして、人々の資質の中に存する〉〈服従に至ては、人々能く学び得べきの事にして、人苟《いやしく》も自己の我意を抑制して、唯だ上官の命惟《これを》従ひ、老功の言、惟聴き、知らざる所は問ふて、而して事に就かば、即ち服従の道にして、是れ尤も能し易きの事なり〉（徳富蘇峰編述『公爵山県有朋伝』）

武士道を念頭に置いたとみられる「軍人訓戒」には、積極的軍事主義者だった山県の強い意志が働いており、四年後の「軍人勅諭」へと引き継がれる。『公爵山県有朋伝』によれば、山県は〈陸軍法規規則は、漸く緒に就きたりと雖も、唯是れ外形に関はる事のみにして、内分の精神に至りては発達猶未だしき事許多なり〉と受け止めていた。このため山県は〈軍人精神の三大元行〉は〈忠実、勇敢、服従〉の〈三約束〉しかないと訓示するのだった。

「軍人訓戒」のなかでも、山県らしいのが〈服従〉の徹底だろう。兵営での日常生活を規定した「軍隊内務書」（一八八八年に通達）には〈服従は軍紀を維持するの要道たり、至誠上官に服従し、其命令は絶対に之を励行し、習性と成らしむを要す〉と明記されている。

こうした精神主義に加えて、山県は「軍人訓戒」で兵士が政治に関わることを厳禁した。自由民権思想を警戒してのことだった。

〈朝政を是非し、憲法を私議し、官省等の布告、諸規を譏刺《きし》（評論や非難すること）する等の挙動は、軍人の本分と、相背馳《はいち》する事にて、一人之あれば衆皆尤も倣ひ、竟には在上を軽蔑する端を生じ、其の流弊《りゅうへい》測られざる者あり。（中略）況んや所管ならざる官憲に対し、建言等を為すをや。是固より重き禁制たり。又新聞雑誌に匿名書を投じ、時事を論じる等も亦本分に背くなり。畢竟《ひっきょう》軍人は軍籍に列するの初めに当り、皇上を奉戴し、朝廷に忠ならんことを誓ひし者なれば、一念の微も此初心に愧《はじ》ることなかるべし〉（『公爵山県有朋伝』）

山県の政党嫌いは徹底しており、軍人を政治に近づけさせないために「軍人訓戒」を出した。しかし山県は、それだけではおさまらず、軍部そのものを政府から独立させようと奮迅する。西南戦争での苦い経験から、山県は文官の政治家に軍部への口出しをさせたくなかった。

一八七二（明治五）年に陸軍省が新設されると、その後は軍事行政を司ってきた。その陸軍省には統帥を担う軍令機関と、軍隊の構成や給与などを扱う軍政機関が属していた。山県は一八七八年十二月、軍令を司る陸軍参謀本部を独立機関として設置する。政治の関与を排除するための措置だった。

陸軍参謀本部は天皇勅令の軍令機関となり、参謀本部条例により参謀本部長が〈帷幄《いあく》の機務に参画するを司とる〉とある。天皇に直接、裁可を仰げる帷幄上奏権を得た参謀本部長は、〈軍令に関する者は専ら本部長の管知《かんち》する所にして参画し、親裁の後直に之を陸軍卿に下して施行せしむ〉との権限を有した。

初代の参謀本部長に就いたのが山県有朋だった。ここは作家の半藤一利氏が著した二冊の書に目を向けたい。
〈参謀本部の独立とは、統帥権の独立であり、天皇親裁の軍隊の確立へつながることになる。いまだ幼弱な軍隊を自由民権運動の影響から護って、天皇の命令どおりに動く規律正しい強い軍隊をつくりあげることとなる。そうすることによって、万一に備えての、対外戦争向け軍事機構への改編がうまくいくことであろう。西南戦争をもって内戦に備える陸軍の任務は終わったという判断が、かれにはあったのである〉(『山県有朋』)
〈参謀本部は天皇の直接の幕下に入る。天皇直率の組織にする。ということは太政大臣(首相)の部下じゃないんだぞ、というふうに決めたわけです〉〈この結果、内政と外政は内閣、特に総理大臣及びその閣僚たちが天皇を補弼《ほひつ》して責任を負うのですが、軍事に関する限りは、天皇に直属する参謀本部長がこれを司る、という国家の形が決まるんです〉〈明治憲法ができるのは十一年後、明治二十二年なんですよ。すなわち、国家の骨幹たる憲法ができたときには、軍隊は政府とは別のもう堂々たる独立機関でありました〉〈国家の基本骨格ができる前に、日本は軍事優先国家の道を選択していたのです〉(『あの戦争と日本人』)
竹橋事件の起きた明治十一年は、軍政の改革に明け暮れた。軍事を一手に握っていたのが山県有朋だけに、山県色に塗られた外征型の軍隊がつくられていくのだった。

第三章　自由民権運動の弾圧と軍人の統制

1　政府批判を許さない規制条例

讒謗律と新聞紙条例と集会条例

征韓論争による「明治六年の政変」で西郷隆盛とともに閣外に去った土佐藩出身の板垣退助をはじめとして、後藤象二郎、江藤新平、副島種臣ら八人が連名で「民撰《みんせん》議院設立建白書」を左院に提出したのは一八七四年（明治七年）の一月だった。「民撰議院」とは、国民が選挙で選んだ議員たちによって構成される議院のことである。「建白書」では、大久保利通や岩倉具視ら政府首脳を「有司専制」と批判した。

対して大久保利通をはじめ維新政府の首脳は、政府を批判する言論の弾圧に乗り出した。一八七五年六月、讒謗《ざんぼう》律と新聞紙条例という二つの言論規制法が公布された。『毎日の3世紀上巻』は〈当時の言論人、新聞記者たちにとって魔の日々の始まりとなった〉として、次のように記している。

〈讒謗律は、他人を讒毀《ざんき》・誹謗《ひぼう》する著作物や画を発売した者を罰する法で、最高刑は禁獄3年だった。名誉を毀損《きそん》したり、事実の証《あかし》をせずに誹謗中傷したりすることを禁じたものであるが、天皇、皇族、官吏、一般人と対象ごとに量刑が決められ、実質的には政治家や官僚批判を取り締まる法律であった。新聞紙条例は73年の新聞紙発行条目を改めて罰則を強化したもので、違反者に禁獄刑を科した点で、先行法令とは根本的に違っていた。翌年7月には発行禁止や停止処分も追加された。二つの規制法が、自由民権派や不平士族の政府攻撃、それを助長する言論の取締まりを狙ったものであったことは明らかである〉

ともあれ讒謗律と新聞紙条例は、政府への批判を弾圧する手段として公布された。ちなみに讒謗律は、一九八二年一月に刑法が施行されたことに伴い廃止される。新聞紙条例は改定されながら強化され、太平洋戦争に敗戦する一九四五年まで続いた。新聞は戦争中、権力の干渉から逃れることはできなかったのである。

民主主義の成熟度は言論の自由度で決まるというが、はなはだ未成熟な明治初期であった。それでも政府が弾圧にやっきになるほど、自由民権運動は広がっていた。

自由民権運動について――一八八〇年(明治十三年)前後は、国内で自由民権運動が再び燃え広がった時期です。実に多数の新聞や雑誌が刊行され、多種多様の政治論議をたたかわせています。当初の政治論議は国会開設の是非とその理由が中心的なテーマでしたが、国会の開設を約束する詔勅により憲法制定が予定にあがるようになってから、議論の焦点が変わりました。制定される憲法をめぐって、主権論や一院制か二院制かといった内容になったのです。藩閥政権は憲法を天皇大権で欽定することを根本方針に据えていたので、主権論などの民間論議が盛んになるのを恐れたのです。

民権運動の代表的な理論家の一人だった植木枝盛《えもり》は、大義のない琉球処分の強行に反対し、朝鮮問題では日本の強圧的な外交や武力行使を批判しています。肝心の民権さえ確立していない当時にあって、民族の分離や独立の自由を述べているのは注目すべきでしょう。後に国権主義の大陸膨張論者に変身した徳富蘇峰《そほう》も、一八八〇年代には平和主義・反軍国主義的な言論を発表しています。蘇峰が対清強硬・開戦論を批判したのは、彼が尊敬していた勝海舟が対清平和論者だった影響によるのではないかと思います。

明治政府の言論弾圧はさらに続き、一八八〇年四月に集会条例を公布して、国会開設運動の抑えつけに乗り出した。政治集会と政治結社を取り締まる集会条例の主な内容は、次の通りである。

【集会条例】（口語訳）

第一条　政治に関する事項を、講談論議するため公衆を集める者は、開会三日前に講談論議の事項、講談論議する人の姓名、住所、会同の場所、年月日を詳記し、その会主または会長、幹事等より、管轄警察署に届け出て、その認可を受けるべし。

第六条　派出の警察官は、認可の証を開示しないとき、講談論議の届出に掲載されていない事項にわたるとき、または人を罪戻《ざいれい》に教唆《きょうさ》誘導するの意を含み、または公衆の安寧《あんねい》に妨害ありと認めるとき、および集会に臨んではならない者に退去を命じて、之に従わないときは、全会を解散させることができる。
第七条　政治に関する事項を講談論議する集会に、陸海軍人、常備予備後備の名籍にある者、警察官、官立公立私立学校の教員生徒、農業工芸の見習生は、これに臨会しまたはその社に加入することは許されない。

この集会条令により、警察署の認可を受けないと、集会を開くことができなくなった。たとえ認可されても、公衆の安寧を妨害するとみられるときは結社、集会を解散させるというのだから、明らかに弾圧法である。また、教員や生徒の集会への参加を禁じている。実に厳しい規制だった。

〈集会には警官を派遣して取締りを強化するとともに、違反者に対しては国事犯としてきびしい刑罰を加え、しかも、その国事犯には十二年四月の「府県会則中改正」にもとづいて七年もの間公民権を剥奪《はくだつ》することを以て臨んだ。明治八年に制定された讒謗律・新聞紙条例は、この集会条例によって補完された。前二つは言論・思想にしたがって一部のインテリゲンチャを対象にしていたのにたいして、集会条例はさらに行動までを規制することによって、いつでも不特定多数の人民を弾圧できるという法的根拠をつくったわけである〉（後藤靖著『自由民権』）

ことほどに明治政府の言論弾圧は続くのだった。

軍隊に憲兵組織を設置

一八八一年（明治十四年）一月、陸軍卿の山県有朋がまた動いた。徴兵制度による国民皆兵の軍隊組織を維持し、さらに強化していくために、軍内部の秩序を維持する対策として、軍事警察を掌《つかさど》る憲兵組織を陸軍に設けた。竹橋事件を受けて軍人訓戒を出した山県だが、自由民権運動の広がりを前に、さらなる警戒感を懐《いだ》いたことによる。

明治十四年三月に制定された憲兵条令は、次の任務を明記した。

【憲兵条例】（主な内容）

第一条　凡そ憲兵は陸軍兵科の一部に位し、巡按《じゅんあん》検察の事を掌り、軍人の非違《ひい》を視察し、行政警察及び司法警察の事を兼ね、内務海軍司法の三省に兼隷し、国内の安寧を掌る。

第八条　巡察中若し巡査にて軍人の非違を捕らえる者に遭えば、憲兵は速やかに其軍人を受け取り其処分を為すべし。又憲兵にて常人の違式詿違《かいい》を発見したる時は、拘引して之を巡査に引き渡すべし。

第十条　軍人の逃亡及び潜伏する者らは、陸海軍の諸官廨《かんかい》よりの命令を得て之を逮捕すべし。

第十三条　若し草賊《そうぞく》一揆の萌芽するあれば、審《つまび》らかに之を視察し、其首唱の人名及び其人員等を探偵して、速やかに報告すべし。

憲兵組織を設けたのは軍の機密性を保持することに加えて、内乱に備える役割もあった。第十三条では、憲兵に監視の権限を与えた。全国憲友連合会編纂委員会編『日本憲兵正史』は次のように補足している。

〈憲兵は寡少兵力であっても、軍隊を背景にした威力は少数を補うに充分である。また、地方の公安事件でも、警察力のみでは鎮圧に不安を感ずることもあるが、軍隊の出動を要請するまでに至らない事件等については、憲兵の存在は大きな意義をもつものである。憲兵創設は、憲兵を国家警察機関として期待をかけていたものと考えられる。また、軍も任

務の一部である国内警備に関し、情報収集の責任を、戦闘部隊よりも憲兵に移したものとみられる〉

日本が戦争を繰り返すにつけ、憲兵は「治安と監視」に、その目を向けていくのだった。

民権派を追放した保安条例

明治維新の政策は日本が近代化していく糸口をつくり、国民統合を成し遂げた。その手段の特徴は、軍事力の行使による抑圧と専制だった。岩井さんは「だから自由民権運動が広まったのです」と語る。

国民の政治参加を求める民権運動に対して、内務卿に就いた山県有朋はさらなる弾圧の先頭に立った。山県と警視総監の三島通庸《つねみち》は一八八七年（明治二十年）十二月、保安条例を勅令として公布する。反政府運動に対する弾圧法規で、なんと即日で施行された。

【保安条例】（骨子）

第一条　凡そ秘密の結社又は集会は之を禁ず。犯す者は一月以上二年以下の軽禁錮に処し、十円以上百円以下の罰金を附加す。

第二条　屋外の集会又は群集は、予め許可を経たると否とを問はず、警察官に於て必要と認むるときは之を禁ずることを得。其命令に違ふ者、首魁・教唆者及情を知りて参会し勢を助けたる者は、三月以上三年以下の軽禁錮に処し、十円以上百円以下の罰金を附加す。

第三条　内乱を陰謀し又は教唆し又は治安を妨害するの目的を以て文書又は図書を印刷又は板刻したる者は、刑法又は出版条例に依り処分する。

第四条　皇居又は行在所《あんざい》を距《へだた》る三里以内の地に住居又は寄宿する者にして、内乱を陰謀し又は教唆し又は治安を妨害するの虞《おそれ》ありと認むるときは、警視総監又は地方長官は内務大臣の認可を経、期日又は時間を限り退去を命じ、三年以内同一の距離内に出入寄宿又は住居を禁ずる。

第五条　人心の動乱に由り又は内乱の予備又は陰謀を為す者あるに由り治安を妨害するの虞ある地方に対し、内閣は臨時必要なりと認むる場合に於て、其一地方に限り期限を定め左の各項の全部又は一部を命令することを得。

一　凡そ公衆の集会は、屋内・屋外を問はず、及何等の名義を以てするに拘らず、予め警察官の許可を経ざるものは総て之を禁ずる事。

二　新聞紙及其他の印刷物は、予め警察官の検閲を経ずして発行するを禁ずる事。

三　特別の理由に因り官庁の許可を得たる者を除く外、銃器・短銃・火薬・刀剣・仕込杖《しこみづえ》の類、総て携帯・運搬・販売を禁ずる事。

四　旅人出入を検査し旅券の制を設くる事。

第六条　前条の命令に対する違犯者は一月以上二年以下の軽禁錮又は五円以上二百円以下の罰金に処す。

明治政府は自由民権運動を抑え込むため讒謗律、新聞紙条例、集会条例を公布してきた。新たに加えた保安条例について、『詳説日本史史料集』は次のように説明している。〈これは新聞・出版・集会・結社など七条にわたる取締法規で基本的にはかわりはないが、第四条に注目しよう。危険人物とみられた者の首都退去を命ずるものだが、一八八七（明治二十）年から三年間という時期を限定した意味は何か。一八九〇（明治二十三）年の国会開設を予想し、政府ベースの憲法制定、議会開設を行おうとしたのであり、星亨・中江兆民《ちょうみん》・林有造・尾崎行雄ら民権派五七〇名が追放され、退去を拒否した片岡健吉ら十数

名を禁固二年に処したのである。なお彼らはいずれも一八八九（明治二十二）年二月、憲法発布の大赦《たいしゃ》により赦免された〉

警視庁の巡査を総動員した五百七十人もの追放劇は、いかにも山県らしい奇襲作戦であり、こうして建白運動は頓挫させられた。

中江兆民が説いた「軍拡とノイローゼ」

保安条例により首都から追放された中江兆民は、自由民権運動に強い思想的影響力をもっていた。たとえば朝鮮で一八八二年に起きた壬午《じんご》軍乱の折に発表した「論外交」で、兆民はこう訴える。

〈隣国内訌《ないこう》あるも妄《みだ》りに兵を挙げてこれを伐《う》たず。いはんやその小弱の国の如きは宜しく容れてこれを愛し、それをして除々に進歩の途に向はしむべし。外交の道唯これあるのみ〉

岩井さんは「兆民は、ロシア、イギリス、ドイツ、アメリカのいずれかとの同盟を否定し、中立主義をつらぬくことを主張しました」と語る。

中江兆民について――欧米列強の東アジア侵入が激化するなかで、日本が平和的な立場を貫きながら独立国家としていかにやっていくか、という難問を真剣に考えたのが中江兆民です。兆民は侵略を否定したうえで平和的な道を歩むには、日本において立憲政治を確立せねばならないと信じ、その実現のために苦心しました。十九世紀末の東アジア情勢との関係について深い思索をめぐらした人物が兆民です。

中江兆民は、一八八七年に『三酔人経綸問答』を著しました。西洋紳士・東洋豪《ごう》傑《けつ》・南海先生とよばれる三人の酔っぱらいが政治を議論したという内容です。紳士君は西洋近代の哲学・政治思想に徹底する立場に立ち、政治発展には専制・立君・民主の段階（絶対王制・立憲君主制・共和制が相当）があり、民主の段階ではじめて真の平和が実現すると説きます。ドイツの哲学者カントが『永遠平和のために』で述べた思想によく似ているのではないでしょうか。対して、豪傑君は、西洋の民主国もまた国際政治では弱肉強食主義で侵略と戦争を繰り返したではないか、日本もいちはやく近隣の大邦を征服して列国に対抗しなければ亡びてしまうと反論しました。

二人から意見を求められた南海先生は、まったく常識的に、まず二議院制の立憲制を立てて、〈外交の旨趣《ししゅ》に至りては務《つとめ》て好和を主とし、国体を毀損するに至らざるよりは決して威を張り武を宣《の》ぶることを為すこと無く、言論、出版、諸種の規條は漸次に之を寛《ゆるやか》にし、教育の務、工商の業は、漸次に之を張る〉と平凡な結論を述べます。紳士君と豪傑君は名論家の意見を期待しただけに、これでは〈児童走卒《そうそつ》〉も知る程度ではないかと笑い、それからまた三人で酒を飲んだということです。

ここで三人の酔っぱらい問答として兆民が整理した問題は、当時の日本でたたかわされていた内外の進路をめぐるさまざまの意見を理論的に煮詰めて類型化したものです。ただし実際には三者の立場が入り交じり、三つの思想が混在していたのが当時の議論でした。兆民は基本的には洋学紳士君の立場に立ちながらも、当時の欧米の東アジアに対する侵略的政策に警戒心をいだき、国内外情勢の現実に即して事態を一歩でも民主の側に前進させようとしたことは明らかです。兆民に、小日本主義の思想があったことも、学界で指摘された通りでしょう。

岩井さんの推奨もあって『三酔人経綸問答』を求めてページを捲っていると、しゃにむに軍拡を押し進める、かの山県有朋にぜひとも読んで聞かせたい箇所を見つけ、思わず目を釘付けにされた。いささか長くなるが、現代語訳は次の通りである。

〈二つの国が戦争を始めるのは、どちらも戦争が好きだからではなくて、じつは戦争をおそれているために、そうなるのです。こちらが相手を恐れ、あわてて軍備をととのえる。すると相手もまたこちらを恐れて、あわてて軍備をととのえる。双方のノイローゼは、月日とともに激しくなり、そこへまた新聞というものまであって、各国の実情とデマとを無差別にならべて報道する。はなはだしいばあいには、自分じしんノイローゼ的な文章をかき、なにか異常な色をつけて世間に広めてしまう。

そうなると、おたがい恐れあっている二国の神経は、いよいよ錯乱してきて、先んずれば人を制す、いっそこちらから口火をきるにしかず、と思うようになる。そうなると、戦争を恐れるこの二国の気持ちは、急激に頂点に達し、おのずと開戦になってしまうのです。今も昔も、どこの国も、これが交戦の実情です。

もし片一方の国が、ノイローゼにかかっていないときは、たいていのばあい、戦争にまではならず、たとえ戦争になっても、その国の戦略はかならず防衛を主とし、ゆとりがあり、また正義という名分を持つことができるので、文明史のうちに否定的評価を記入されることは、けっしてないのです。（中略）要するに外交上の良策とは、世界のどの国とも平和友好関係をふかめ、万やむを得ないばあいになっても、あくまで防衛戦略を採り、遠く軍隊を出征させる労苦や費用を避けて、人民の肩の重荷を軽くしてやるよう尽力すること、これです。こちらがやたらに外交のノイローゼをおこさないかぎり、中国もまた、どうしてわれわれを敵視しましょうか〉

軍拡は戦争を恐れるあまりの産物で、互いに「ノイローゼ」状態になると、先手必勝の考えに至る。そうなれば自ずと戦端が開かれると、兆民は説いている。その国に戦争を恐れる「ノイローゼ」がなければ、まず戦争をもたらさない、との説は読んでいて膝を叩いた。新聞報道の過熱について、甚だしきは自らも「ノイローゼ的な文章をかき」と述べているくだりは、私にも耳が痛かった。戦争をおそれて軍拡にはしる「精神病」に国家が陥ると、やがて戦争を誘い込む――と中江兆民は警告したのである。

2　天皇を大元帥にした軍人勅諭

「四将軍上奏事件」で、軍人の政治関与に罰則

政府の弾圧を受けながらも、国会開設を求める民権運動が広まっていた折、「北海道開拓使官有物払下げ事件」が明るみに出た。開拓使は北海道の開拓が任務の官庁で、一八六九年（明治二年）に設置されている。鉱山や鉄工、製糖からビール製造など多彩な官営事業を行い、投資された国庫金は一八八〇年（明治十三年）までに千四百万円にのぼった。

この官営事業を開拓使長官の黒田清隆は、同じ薩摩派の政商らが急ごしらえでつくった

民間会社への払い下げを決めた。それも「無利息三十年年賦、三十八万円」で払い下げるという。こうした藩閥政治と政商の結びつきは、民権派の政府批判を強める格好の材料となった。黒田が薩摩閥の領袖で、国会開設運動を「時期尚早」と切り捨てていたことも、民権派の怒りをエスカレートさせた。

このとき陸軍中将の地位にあった三浦梧楼は、著書『観樹将軍回顧録』で次のように怒ってみせた。ちなみに観樹は、三浦の号である。

〈新聞にその記事の載ってあったのを見て、実にその無法に驚いた。政府があれだけ莫大の金を掛けて経営したものを、二束三文で薩摩人の私設会社へ払下げるとは何事であるか。情実の弊害もここに至って極まれりである。我輩平素の持論として、これは是非とも叩き潰さねばならぬ〉

ここに『観樹将軍回顧録』を紹介したのは、著者の三浦が「四将軍上奏事件」の当事者だからである。三浦は長州藩士の家に生まれ、藩校・明倫館で学んで、高杉晋作の率いる奇兵隊に参加した。西南戦争では第三旅団司令官として従軍し、「四将軍上奏事件」のとき陸軍中将の地位にあった。その三浦は奇兵隊時代から山県有朋と不仲で知られた。

他の三人も陸軍の将軍たちで、中将の鳥尾小弥太、やはり中将の谷干城《たてき》、少将の曽我祐《すけ》準《のり》である。四人はフランス軍制を支持しており、ドイツ軍制の採用をすすめる山県を快く思っていなかった。

ともあれ三浦ら四人の将軍は「北海道開拓使官有物払下げ事件」は旧薩摩藩ぐるみの不正で、その筆頭が黒田清隆だと決めつけた。そのうえで上奏文を仕上げて、東北を巡幸中の明治天皇に上奏して裁断を仰いだ。一八八一年（明治十四年）九月十二日のことである。世論の援護もあって四将軍の政府攻撃は強まり、いったんは開拓使官有物の払い下げを承認していた政府内からも反対の声が出て白紙に戻った。

そこで、またもや山県有朋が強権を振るう。それは山県の憤怒からくるもので、怒りの震源は「陸軍の山県」の足元で起きた「四将軍上奏事件」だった。山県は一八七八年（明治十一年）に軍人訓戒を配付して、軍人が政治に関わることを厳禁した。四将軍の行為は明らかに軍人訓戒に背いているが、あくまで訓示であって罰則規定はなかった。

山県は歯がみをする思いだったに相違ない。そこは執念深い性格であり、このまま引き下がらなかった。三カ月後の一八八一年（明治十四年）十二月、山県は「陸海軍刑律」の改訂を断行する。

陸軍と海軍では勤務の実態や戦闘形態に多少の差異があることから、陸軍刑法と海軍刑法に分離されたものの法文はほぼ同じである。注目されるのは、現役軍人の政治関与に罰則を設けたことだ。たとえば陸軍刑法の「違令ノ罪」の項に、〈政治ニ関スル事項ヲ上書建白シ又ハ講談論説シ、若シクハ文書ヲ以テ之ヲ広告スル者ハ、一月以上三年以下ノ軽禁錮ニ処ス〉と明記している。海軍刑法も同一字句だった。

統制を好む、いかにも山県らしい一手だった。

こうして反主流派の軍人を現役から追放した山県だが、これでおさまらず、またもや執念を燃やして翌年の一八八二年（明治十五）年一月、軍人勅諭を発意する。「陸海軍軍人に下し賜はりたる勅諭」として、明治天皇の名で出された。軍人勅諭は敗戦の一九四五年八月まで、日本軍の精神的支柱とされた。大要は次の通りである。

【軍人勅諭】（概要）

〈夫《それ》兵馬の大権は、朕《ちん》か統《す》ふる所なれは、其司々《そのつかさつかさ》をこそ臣下には任すなれ、其大綱は朕親《みずから》之を攬《と》り肯《あえ》て臣下に委《ゆだ》ぬへきものにあらす。（中略）朕は汝等《なんじら》軍人の大元帥《だいげんすい》なるそ、されは朕は汝等を股肱《ここう》と頼み汝等は朕を頭首と仰きてそ、其親《したしみ》は特《こと》に深かるへき、朕か国家を保護して上天《しょうてん》の恵《めぐみ》に応し、祖宗《そそう》の恩に報いまゐらする事を得《う》るも得《え》さるも、汝等軍人か其職を尽すと尽さゝるとに由るそかし、我国の御稜威《みいつ》振はさることあらは、汝等能《よ》く朕と其憂《そのうれい》を共にせよ、我武維揚りて其栄を耀さは、朕汝等と其誉《ほまれ》を偕《とも》にすへし、汝等皆其職を守り朕と一心になりて力を国家の保護に尽さは、我国の蒼生《そうせい》は永く太平の福を受け、我国の威烈は大に世界の光華ともなりぬへし〉

山県有朋は徴兵で集めた将兵を精神的に統一する必要から、天皇を前面に押し立てた。「王政復古」の大号令により明治維新を確立させた手法をもって、今度は軍隊を統制しようと、山県は天皇制軍事国家の完成を急いだ。それが軍人勅諭であり、山県の魂胆であった。

軍人勅諭について――天皇を神聖絶対化して、軍は天皇親率の組織であり、指揮官の命令は天皇の命令と同じだと強調しました。日本の軍隊は、天皇の軍隊である、つまり皇軍の理念を確立することで、内部統制を目指したのです。この頃から、天皇が国民の前に姿を現すときには、軍服姿となっています。陸軍礼式によれば、軍人は制服を着用するとあるので、大元帥として天皇は軍服を着したのでしょう。

天皇を大元帥と強調したのは、長らく宮廷の儀礼的君主だった天皇を、能動的君主にするために不可欠だったからです。統帥とは、軍隊を統《す》べ率いることです。能動的君主は、明治憲法の示す〈統治権の総攬《そうらん》者〉としての天皇＝政治的な君主と、陸海軍の統帥者としての天皇＝大元帥との二つの側面をもちます。明治政府にとって、政治において天皇〈親政〉が必要だったように、軍事においては天皇〈親率〉が必須でした。

王政復古の大号令から、天皇自身も一身で政軍の最高者を兼ねていましたが、明治憲法によってその機能は〈統治の総攬者〉と陸海軍の大元帥たる最高の〈統帥権者〉に分化されます。とはいえ天皇が一人の人格として、両者を兼ねていたということにすぎません。

憲法解釈のうえで争点になるのは、〈統帥権の独立〉がどの範囲まで認められるかだった。一八七八年（明治十一年）に参謀本部を設置したときから、陸軍は政府の陸軍省から独立している。海軍は一八九三年に海軍省から独立して軍令部を設けて統帥機構とした。統帥権を保障する条件として、軍部大臣武官制を重視したのは、統帥権の独立を議会と政府から守るためだった。

軍事と政治の関係について——十八世紀プロイセンのフリードリッヒ大王や十九世紀フランスのナポレオン皇帝は、実際に軍隊を指揮統率して独自の軍事戦略をなし、文字通りに統帥を実践しています。だが十九世紀後半になると、兵学思想は一変し、戦争の様相も変化しました。もはや君主が、軍隊を指揮統率する時代ではなくなっていたのです。皮肉にもその時期になって、日本は天皇を大元帥に祭り上げ、統帥権を独立させたうえで、皇軍（天皇の陸海軍）の政治からの分離を制度化させました。世界に目を向ければ、各国はむしろ政治と戦略の統一を指向するようになっています。

遅れてやってきた帝国主義国・日本は、その遅れを取り戻す求心力を天皇に求めて、そのための天皇大権を大日本帝国憲法で明確にした。しかし統帥権の独立は、やがて軍部の独走と暴走を許すことになる。

加えて軍人勅諭では、軍人が守るべき次の五つの徳目をあげる。

〈軍人は忠節を尽くすを本分とすべし。世論に惑わず、政治に関わらず、ただ一途に軍人の本分の忠節を守り、義は山岳よりも重く、死は鴻毛《こうもう》よりも軽しと覚悟せよ〉〈軍人は礼儀を正しくすべし〉〈軍人は武勇を尚《たっと》ふべし〉〈軍人は信義を重んずべし〉〈軍人は質素を旨とすべし〉

この「忠節」の一項こそが、山県の主張であった。義は天皇と国家に尽くすことで、報国と天皇への忠節を結びつけた。また「四将軍上奏事件」に懲りた山県は、軍人が政治に関わることを戒めている。そのうえで軍人の命は鴻《おおとり》の羽毛よりも軽いと覚悟させた。

軍人勅諭が示す基本徳目の「忠節」「礼儀」「武勇」「信義」「質素」は、「天地の大道」であり「人倫の常識」と明記する。さらに天皇を主語にして〈汝等軍人ゆめ此《この》訓誡を等閑《なおざり》にな思ひそ、右の五ヶ条は軍人たらんもの暫《しばし》も忽《ゆるがせ》にすへからす〉と述べている。

〈山県の思考はこうして天皇を忠義信仰の中心にすえることに到達した。天皇が宗教的な存在にならなければならない。尊崇を天皇におくことで、天皇と軍隊との関係を直接的な結びにしなければならない。そのためにも中間の「政府」などは消滅せねばならないのである。（中略）いまや、軍人ひとりひとりがその命令に絶対服従し、一身を犠牲にしうる最高絶対の統率者としての天皇＝大元帥が完成したのである〉（半藤一利著『山県有朋』）

五つの徳目を貫く精神が〈義は山岳よりも重く、死は鴻毛よりも軽し〉であるのは、言うまでもない。

〈天皇制を護持するには「常在死」の観念は戦時のみでなく、平時にあっても、そこにあることを必要とする。さもないと、天皇制の楯になるものがない。死は日常化されなければならない。それが常在死論である。軍首脳部は思想の統一、統一軍としてのアイデンティティの確立が急務であることを痛感した。こうして作成されたのが勅諭である。(中略)当時(明治初期)、鴻毛は物質のうち最も軽いものとされた。それよりもさらに軽いとすれば、ほとんど無価値にひとしいことになる。死の軽さは生の軽さを意味する。死(生)を軽くし、「兵卒の犠牲」において天皇制を護る、あるいは天皇制の名において死を軽くする(兵卒を犠牲にする)という構図であろうか。ここには恐るべき思想の表明があった〉(丸山静雄著『典範令と日本の戦争』)

太平洋戦争末期に打ち出された「特攻」を思い出すまでもなく、軍人勅諭は軍人に多大な影響を与え、ひいては「一億玉砕」にみられるように国民にも影を落としていった。

3　朝鮮支配をめぐり清と対立

壬午軍乱を機に軍備拡張

明治政府は朝鮮を開国させるべく江華島事件を仕掛けて、一八七六年（明治九年）二月に日朝修好条規を結んだ。このあと政府は、釜山と仁川と元山に日本人の商人を送り出した。漢城に日本公使館が開設されたのは、一八八〇年十二月のことだった。

開国後の朝鮮について――鎖国状態にあった国が急速に開港して外国との貿易が

始まると、どこの国であれ一時的に経済の混乱が起こります。日本の場合は、生糸の輸出産業が発展して、それがやがて近代産業の基礎をつくることになりましたが、一時的には物価の騰貴をはじめ経済の混乱が庶民生活に打撃を与えました。朝鮮の場合、開港によって在来産業が大きな打撃を受け、利益を得た階層もほとんどなく、民衆の間に反発が広がります。

その当時の朝鮮では、強硬な鎖国政策をとっていた大院君が追放され、国王高宗と閔妃《びんひ》(明成皇后)が政権を掌握していました。朝鮮を取り巻く国際情勢に配慮して、ある程度の開化政策を取り入れ、開国に備えた国内体制の改革も進めていきます。たとえば西洋式の軍隊をつくろうと、日本人の軍事教官を雇いました。そうして新式軍隊が創設されると、旧式の軍隊が待遇面の差別によって、解雇や給料の引き下げなどにあいます。旧軍兵士たちの不満は日増しに強まるのでした。

一八八二年(明治十五年)七月二十三日、軍制改革に不満をいだく旧軍兵士らによる暴動が勃発する。

〈日本への米の輸出による米価騰貴に苦しんでいた漢城の下層民衆もくわわり、日本公使館を襲って日本人を追放しました。日本公使の花房義質《はなぶさよしもと》らは仁川からイギリスの測量船でようやく長崎に逃げ帰りました。これを壬午軍乱とよびます。壬午軍乱は、開国によっていちはやく日本の経済的収奪をうけはじめた都市下層民と、日本主導下ですすむ軍隊の改編に反対する下級兵士らによる、最初の大規模な反日・反政府運動です〉（尹健次著『もっと知ろう朝鮮』）

この暴動に乗じたのが失脚中の大院君で、閔氏政権の転覆を狙って、日本公使館襲撃を教唆する。追い詰められた国王高宗は大院君に政権を明け渡し、王妃の閔妃は王宮から脱して僻村に隠れ住んだ。

一方、日本政府は公使の花房義質から報告を受けて、対策を協議する。七月三十一日のことだった。

〈閣議はその後も何回か開かれたが、その内容は初めから非常に強硬で、「この内乱は排日運動であり、外交関係の全面的断絶を意味するものとみなし、断乎武力干渉を以て臨むべし」という意見が支配的となった。特に参議である山縣有朋は「談判激迫の際に至れば我が軍隊をして開港所を占拠し、あるいは時機により要衝の諸島を占領して以て要償の抵当となすことは、公法上の許す所なるべし」などと、すでに開戦が決定したような意見を述べている〉（角田房子著『閔妃暗殺』）

朝鮮の内乱に新聞社は号外を出し、大衆は激昂して叫んだ。「すぐ軍隊を出動させろ！」「朝鮮政府の責任を問え！」。国民の声を受けて日本政府は、朝鮮に謝罪と賠償を要求するため、花房公使を全権委員に任命した。花房公使は、居留民保護を目的に、軍隊を引き連れて朝鮮に入った。

〈陸軍は熊本鎮台の一個大隊派遣、海軍は軍艦四隻、輸送船二、三隻の派遣をきめた。迅速な対応をはかったのは、事件の重大性のためというよりも、清国の干渉をおそれたためである。八月五日、駐日清国公使は、清国政府の派兵をともなう調停を伝えていた。これにたいし外務卿代理吉田清成は、再三、「自主の国」朝鮮と日本との問題は条約にもとづき解決する、として介入を謝絶したが、清国側は〝朝鮮は清国の属国であるから、清国が処理にあたるのは当然〟として日本側の要請をはねつけた〉（海野福寿著『韓国併合』）

結局は派遣した日本軍より、その数からして勝る清国軍が反乱を鎮圧した。大院君を天津に拉致することで、清としては高宗と閔氏の復活に一役買った。この結果、閔氏政権は清軍に頼ることになる。もっとも日本政府にしても、反日の巨頭・大院君を拉致した清の仲介により、花房公使は朝鮮との間に「済物浦《さいもっぽ》（仁川の旧名）条約」を結ぶことができた。

花房公使が外務卿の井上馨に宛てた電報には「大満足」とあった。

済物浦条約について――この条約の重要な内容は、朝鮮政府の謝罪と償金の支払いに加えて、公使館を護衛する名目で日本軍の駐屯を認めたことです。日本軍の海外駐屯はこれが初めてで、近代日本が東アジアで引き起こした事変や戦争のほとんどが、この海外駐屯軍を根拠地とした謀略によってなされました。そのことを考えると、済物浦条約の意味するところは重いものがあります。

一方で清は、袁世凱《えんせいがい》を朝鮮国王代理に据え、漢城に三千名から成る軍隊を駐留させる。朝鮮の宗主国であることを内外に誇示したのだが、しかし清が内政干渉を強めると、朝鮮内の政治対立は高まる。日本政府は、清の支援で「済物浦条約」の締結が実ったことなど忘れて、この機会に清の軍隊を追放して、親日政権を誕生させようと動き始めた。

そのためには軍備の拡張が急務というわけで、山県有朋は参事院議長の資格で一八八二年八月に「陸海軍拡張に関する財政上申」を建議する。参事院は法案を起草し、また審議する機関だった。

陸海軍の拡張について――山県有朋は、〈抑も我の以て力を角せん（競争する）と欲する所の者は痛痒《つうよう》の感急迫ならさるの国に在らすして直接附近の処にあり況《いわん》や自今焦眉の急あるに於てをや〉と、対処すべき相手を清国に見定めて、〈陸海軍の拡張を謀るは方今の急務〉と力説しました。

およそ軍備というものは、仮想敵国を想定し、地理的条件とともに敵軍の兵力、武器、戦法を考慮してつくります。このときから日本は、朝鮮をめぐって清国軍と戦うための陸海軍を建設する、という明白な目標を掲げたといえるでしょう。国内の治安維持と警備のための陸海軍から、大陸での作戦とそのための海上権確保のための陸海軍への変身でした。陸軍の山県が、海軍の拡張を重視して〈我邦と直接附近なる列国と比較して、少なくとも軍艦四十八艘〉と訴えたのは、陸軍が海外に出て行くうえで清の海軍を退ける必要があると考えたからです。

山県は壬午軍乱の起きる二年前に陸軍参謀本部長として、「進隣邦兵備略表」を上奏しました。清の軍隊を、八旗兵や治安維持に当たる補助兵の緑旗兵まで含めて、約百八万人から成ると誇張したうえで、軍備拡張が急務だと論じたのです。今回も山県は清国の軍備をことさら誇張することで、日本の軍備拡張を推し進めました。その軍備拡張の財源として、山県は煙草税を提案しています。

いわば「強兵富国」だが、はじめに強兵ありきというのは、積極的軍事主義者の山県有朋ならではの主張であり、理屈であった。山県は事あるごとに、軍備の拡張を訴え続ける。仮想敵国に見立てた相手より優位に立とうとするかぎり、軍拡に際限はなかった。

天津条約と福沢諭吉

壬午軍乱（一八八二年）後、朝鮮半島では日本軍と清軍が駐屯して、互いに朝鮮への影響力を競っていた。

当時の朝鮮の内情について――朝鮮では開化派の金玉均（キム・オッキュン）や朴泳孝（パク・ヨンヒョ）らが登場して、優勢の清国に頼ることで保守的傾向を強めた閔氏政権と対立します。金は来日して明治政府に支援を要請しますが、当時の著明な言論人で知られた福沢諭吉の応援を受けたこともあり、政府の一部に彼らを親日派にして利用しようとする動きも見られました。

ちょうどこの頃、安南（現在のベトナム）の帰属をめぐって清仏戦争が勃発します。清の主要な軍事力は南方に向かわざるをえず、朝鮮駐屯の清軍も削減されました。このような情勢をみて金は立ち上がったのです。

金たち開化派は駐在公使の竹添進一郎らと結んで、一八八四年（甲申《こうしん》の年）十二月四日に武装クーデターを決行しました。これが甲申事件で、中央郵便局落成式の式場に政府要人が集まっている間に、王宮を占拠して日本軍を引き入れます。国王を擁し、駆けつけた要人を殺害しました。こうして一時的に金らの開化派政権が成立したかに見えましたが、出動を控えていた清国軍が放置できないとみて王宮に押し寄せると、国王は護衛兵とともに清国軍に身を任せたのです。清国軍に敗れた日本軍はなすすべもなく、公使館を焼き払って仁川まで辿り着き、日本船に収容されて帰国しました。

この甲申事件により、脱出時に居留日本人の二十九人が殺害された。また日本に着いた開化派の亡命者に対して、利用価値がないとみた日本政府の態度は冷淡だった。金は約十年の幽門生活を強いられた。

甲申事件の事後処理は外務卿の井上馨に任された。軍艦三隻と護衛兵三大隊を率いて朝鮮に渡った全権大使の井上は、漢城条約を取り結んだ。朝鮮の謝罪、日本人の被害者遺族への救恤《きゅうじゅつ》と財産補償として十一万円を支払うという内容だった。

さらに清国の天津でも交渉がもたれた。特派全権大使の伊藤博文と清国全権の李鴻章は激しい火花を散らす。伊藤は、清国兵を出動させた責任者の処罰と漢城駐屯の日清両軍の撤兵を要求した。一方の李は、日本の公使と日本軍に不法があり、清国軍には責任がないと主張する。

結局、清国兵による日本人への暴行の事実が明らかになれば、相当の措置をとることで妥協をみた。また英国公使パークスの勧告により、日清両軍の撤兵も実現した。ただし清国は、朝鮮の宗主国として必要に応じて臨時の出兵ができる、との主張を崩していない。

そうして結ばれた天津条約に明記されたのは、朝鮮に変乱が起き両国あるいは一国が派兵を必要とするときは、たがいに「行文知照《ぎょうぶんちしょう》」（通知し合う）すると取り決め、事態がおさまったならばすぐに撤兵するとの一条であった。岩井さんは「清国はこれまでにもまして宗主権を前進させ、外交と通商で朝鮮に対する支配を強めていきます」と語る。

対して言論人の福沢諭吉は、この天津条約に強い不満をいだいた。福沢は自ら創刊した日刊紙『時事新報』（一八八五年三月十六日号）で、「脱亜論」を唱える。概略は次の通りである。

〈我日本の国土は亜細亜の東辺に在りと雖《いえ》ども、其国民の精神は既に亜細亜の固陋《ころう》（頑固で見識の狭いこと）を脱して、西洋の文明に移りたり。然るに爰《ここ》に不幸なるは近隣に国あり、一を支那と云い、一を朝鮮と云ふ。（中略）此二国の者共は、一身に就き、又一国に関して、改進の道を知らず。交通至便の世の中に、文明の事物を聞見せざるに非ざれども、耳目の聞見は以て心を動かすに足らずして、其古風旧慣《きゅうかん》に恋々するの情は百千年の古に異ならず。（中略）左《さ》れば、今日の謀《はかりごと》を為すに、我国は隣国の開明を待て、共に亜細亜を興すの猶予ある可《べか》らず、寧ろ其伍を脱して西洋の文明国と進退を共にし、其支那朝鮮に接するの法も、隣国なるが故にとて特別の会釈に及ばず、正に西洋人が之に接するの風に従て処分す可《べ》きのみ。悪友を親しむ者は、共に悪友を免かる可らず。我は心に於て亜細亜東方の悪友を謝絶するものなり〉

福沢諭吉について――福沢諭吉が啓蒙的言説を後退させたのは、壬午軍乱からです。『時事新報』に「東洋の政略果して如何せん」と連載しました。福沢は〈我が攻略と武力とに由て、東洋の波濤を其未だ起こらざるに鎮静するの一法〉の必要を進取の政策と考え、武力による抑止力が急務だと訴えました。福沢の発言が、山県有朋ら明治政府の軍拡を事実上バックアップしたことは見逃せません。

4　大日本帝国憲法と天皇大権

天皇の名により発布された欽定憲法

山県有朋が内務卿として保安条例を施行する一方で、伊藤博文は秘かに憲法の草案づくりを進めた。このとき岩倉具視と伊藤博文は政治の主導権を握っていた。

憲法制定の舞台裏について――憲法制定の基本方針は、一八八一年に岩倉具視の『憲法大綱領』（執筆は法制官僚の井上毅《こわし》）で、すでに確立しています。そこでは欽定憲法であること、帝位継承法（皇室典範）は憲法にのせない、また天皇大権である陸海軍統率権・宣戦講和と条約締結権・貨幣鋳造権・大臣以下文武重官任命権・恩賞貴号授与権・恩赦権・議院開閉解散権等、そして議院の二院制、予算が否決された場合に政府の前年度予算執行権などが、すでに原則化されていました。この方針をもとに、伊藤は法制官僚の一団を率いて、ヨーロッパへ憲法調査におもむき、各国の憲法学者から意見を聞き、また立憲政治の実態を研究したのです。

帰国した伊藤は、神奈川県の孤島・夏島の別荘にこもって、秘密のうちに憲法草案の仕上げに取りかかりました。グナイストやシュタインらドイツ、オーストリアの公法学者の助言、ロェスラーやモッセといった御雇《おやとい》外国人の協力、そして井上毅らの意見を受け入れて推敲を重ねます。成案ができると同時に、天皇の親任による顧問官からなる枢密院（天皇の最高諮問機関）が開設され、伊藤は首相を黒田清隆に譲って枢密院議長に就きます。大日本帝国憲法の草案はこの枢密院で審議され、明治天皇も欠かさず出席しました。

憲法制定会議は一八八一年六月から翌年の一月までに約二十回開かれた。伊藤は憲法審議の冒頭で、欧州のキリスト教に匹敵する、人心を帰一する機軸を皇室に求め、君権《くんけん》を尊重することを憲法原案の大意として説明した。

〈日本国とは天皇が築き、天皇が統治してきた国家なのであり、したがって天皇こそが日本国の主権者であることが謳われている。そのことを裏打ちするために、憲法はまず第一章で天皇に主権が帰結することを明記するという他国に類をみない条文構成をとったのだと説かれている。ここでの伊藤の口吻《こうふん》は、さながら天皇即国家とでも言えるかのようなものである〉（瀧井一博著『伊藤博文』）

一八八九年二月十一日、伊藤の主導により大日本帝国憲法が、天皇によって発布された。いわゆる欽定憲法であり、東アジアで初めての立憲君主憲法だった。

【大日本帝国憲法】（主な条項）

第一章　天皇

第一条　大日本帝国ハ万世一系ノ天皇之ヲ統治ス

第二条　皇位ハ皇室典範ノ定ムル所ニ依リ皇男子孫之ヲ継承ス

第三条　天皇ハ神聖ニシテ侵スヘカラス

第四条　天皇ハ国ノ元首《げんしゅ》ニシテ統治権ヲ総攬《そうらん》シ此ノ憲法ノ条規ニ依リ之ヲ行フ
第八条　天皇ハ公共ノ安全ヲ保持シ又ハ其ノ災厄《さいやく》ヲ避クル為緊急ノ必要ニ由リ帝国議会閉会ノ場合ニ於テ法律ニ代ルヘキ勅令ヲ発ス
第九条　天皇ハ法律ヲ執行スル為ニ又ハ公共ノ安寧秩序ヲ保持シ及臣民ノ幸福ヲ増進スル為ニ必要ナル命令ヲ発シ又ハ発セシム但シ命令ヲ以テ法律ヲ変更スルコトヲ得ス
第十一条　天皇ハ陸海軍ヲ統帥《とうすい》ス
第十二条　天皇ハ陸海軍ノ編制及常備兵額ヲ定ム
第十三条　天皇ハ戦ヲ宣シ和ヲ講シ及諸般ノ条約ヲ締結ス
第十四条　天皇ハ戒厳《かいげん》ヲ宣告ス

大日本帝国憲法について――起草から枢密院の審議内容まで、国民には何も知らされていません。だから憲法が国家のあり方を決めたのではなく、すでに導入済みの制度を取り込んだ憲法と言えるでしょう。天皇制軍国主義国家を支える憲法にしたかったのです。

憲法御下付の図（『東京日日新聞』1889 年 2 月 11 日付紙面から）

第一条は「国体」の基本的な考えを条文化したもので、第三条は天皇の神聖とともに無答責（一切の政治的責任を負わない）の原則を示しました。第四条は立法・行政・司法の三権を天皇が総攬するとし、この三権を憲法によって運用するとなっています。第八条では、議会の閉会中に法律に代わる勅令を出すことができ、第九条では行政命令を発することもできると明記しました。

まず留意すべきは、天皇の国家統治の大権が皇祖皇宗に由来し、統治の対象が人民ではなく〈臣民〉になっていることです。第四条に〈統治権を総攬し〉とありますが、統治権は議会をその一部とするほかにも、行政各部の官制と文武官の任命権を含みますから、いわゆる官僚機構は天皇の官僚となり、議会の支配下にはありません。また、天皇の勅裁をへて出された行政命令はやはり勅令と呼ばれます。つまるところ、天皇の大権で定まることは行政の議会に対する優越にあったので、議会が官制改革を発議することは難しいのです。天皇が文武官の任命権を持つということは、首相をはじめとする国務大臣を天皇が任命するので、議会の多数党が内閣を組織することを防ぐ意味合いをもっていました。

明治政府は天皇の権威に頼って、二十二年間にわたり政権を運営してきました。

その基盤を大日本帝国憲法によって固めたのです。そうして確立した天皇大権のなかでも、私は第十一条と十二条に注目しました。

第十一条は、統帥大権あるいは軍令大権とよばれています。もともと天皇が軍隊をみずからひきいる大元帥であり、用兵や作戦などが天皇の命令により行われ、政府も議会もそれに干渉することを許さないという主旨です。第十二条は、軍政大権と呼ばれ、これも伊藤博文は議会の干渉をまたないと主張しています。しかしながら、編成は用兵と密接に関係し、兵力量も作戦計画と連動します。いずれも予算を伴い、だから実際は議会の予算審議との関係を生じます。

憲法が発布され、翌年に帝国議会が開設されると、明治天皇は「立憲君主」と呼ばれました。もともと日本に「立憲君主」はいなく、この呼称はヨーロッパからの移入です。当時のヨーロッパは大まかに言えば、イギリス型とドイツ型の〈立憲君主〉がありました。〈君臨すれども統治せず〉がイギリス型で、議会万能が貫かれています。ドイツ型は、広汎強大な君主権によって、議会を強く制約し、あるいは無力化しました。

日本がドイツ・オーストリアに規範を求めたのは周知の事実です。ドイツ軍国主義は強大な皇帝大権のもとで発展しました。皇帝ヴィルヘルム二世は積極的に海外膨張政策をとりますが、領導した第一次大戦でドイツに破滅をもたらしています。史家は、このようなドイツ型を〈立憲君主〉とみないのが常識で、しいて言えば〈外見的立憲君主制〉でしょうか。そうした事実があるので、大日本帝国憲法下の天皇を〈立憲君主〉と呼ぶのは疑問です。

大日本帝国憲法に国民は登場しません。〈臣民権利義務〉が示すように、国民は天皇に仕える家来という存在です。本来は権利のなかに入るべき居住及移転、信書の秘密、所有権、信教の自由、言論著作印行集会および結社の自由などは、すべて法律の範囲とか安寧秩序を妨げずとか、臣民たる義務にそむかない限りといった限定がつきました。これは本来の自由ではありません。自由民権運動の盛んだった往時は、民間の「私擬憲法」も多くつくられ、憲法議論が活発に行われました。しかし政府の弾圧に加え、保安条例の発布により民権運動は崩壊していったのです。

当時の帝国大学医科教授で、皇室や大官たちのかかりつけの医師だったドイツ人ベルツは日記のなかで、憲法発布直前の祝賀行事を〈言語に絶した騒ぎ〉と眺め、〈だが滑稽なことには、誰も憲法の内容をご存じないのだ〉と皮肉な感想を記しています。このとき多くの政治家たちの関心は、この憲法下で開かれる議会の代議士になることに向けられ、憲法の内容を注目することなく怠っていたのです。

国民道徳の基本まで求めた教育勅語

大日本帝国憲法が発布された翌年の一八九〇年十月、山県有朋は首相として「教育勅語」を発布する。天皇が国民に語りかける形式の「教育ニ関スル勅語」（教育勅語）は全国の学校に配布された。「天皇の軍隊」の増強を目指す山県にとって、国民道徳の基本と教育の根本理念を明確にする「教育勅語」は「軍人勅諭」に続く一手であった。

【教育勅語】（概要）

〈朕惟《おも》フニ我カ皇祖皇宗国ヲ肇《はじ》ムルコト宏遠《こうえん》ニ徳ヲ樹《た》ツルコト深厚ナリ。我カ臣民克《よ》ク忠ニ克ク孝ニ億兆《おくちょう》心ヲ一《いつ》ニシテ世々厥《そ》ノ美ヲ済《な》セルハ此《こ》レ我カ国体ノ精華ニシテ教育ノ淵源《えんげん》亦《また》実ニ此《ここ》ニ存ス。爾《なんじ》臣民、父母ニ孝ニ兄弟《けいてい》ニ友《ゆう》ニ夫婦相和シ朋友《ほうゆう》相信シ恭《きょう》倹《けん》己レヲ持シ博愛衆ニ及ホシ、学ヲ修メ業ヲ習ヒ以テ智能ヲ啓発シ徳器《とくき》ヲ成就シ、進《すすん》テ公益ヲ広メ世務《せいむ》ヲ開キ、常ニ国憲ヲ重シ国法ニ遵《したが》ヒ、一旦緩急《かんきゅう》アレハ義勇公《ぎゆうこう》ニ奉シ以テ天壌《てんじょう》無窮《むきゅう》ノ皇運ヲ扶翼《ふよく》スヘシ。是《かく》ノ如キハ独リ朕カ忠良ノ臣民タルノミナラス、又以テ爾祖先ノ遺風ヲ顕彰スルニ足ラン。斯《こ》ノ道ハ実ニ我カ皇祖皇宗ノ遺訓ニシテ子孫臣民ノ倶《とも》ニ遵守スヘキ所、之ヲ古今ニ通シテ謬《あやま》ラス、之ヲ中外ニ施シテ悖《もと》ラス、朕爾臣民ト倶ニ拳々服膺《けんけんふくよう》シテ咸《みな》其徳ヲ一ニセンコトヲ庶幾《こいねが》フ〉

繰り返すことになるが教育勅語は、「臣民」の忠孝心が「国体の精華」にして「教育の淵源」と規定する。そのうえで、孝行、友愛、夫婦の和、朋友の信、恭倹、博愛、知能啓発、徳器成就、公益世務、遵法、義勇といった「十二の守るべき徳目」を挙げた。最後に〈もし国家に危険が迫れば忠義と勇気をもって国家のために働き、天下に比類なき皇国の運命を助けるようにしなければなりません〉と説いている。

教育勅語について――教育勅語は法的な強制力をもたない、いわば天皇の名による道徳的説教かもしれませんが、そのなかで〈国憲を重んじ国法に遵《したが》ひ〉と明記して、明治憲法下での法治に従うことを求めています。だから教育勅語は、明治憲法体制を国民教化の面から補足しているのです。また国体と倫理と修養を説いていますが、それは結局、一旦緩急つまり国家の危機にあっては国のために義勇をつくせという結論に結びつくようにできています。ちなみに国体という語は、皇祖から万世一系の天皇が日本を統治する国柄という意味でした。

結局のところ、この勅語は国民に対して、いざという時に天皇のために身を投げ出すことのできる立派な人間になれ、と諭しているのです。だから教育勅語にもとづく国民教育は、戦争の際に天皇のために命をつくす人間を養成することになりました。戦場だけではありません。日本の戦争が、国家総力戦に発展していったアジア太平洋戦争の時には、国民生活のあらゆる分野で、そのような教育を受けてきた人たちが活動するのです。

山県有朋は天皇の名で発布した軍人勅諭で、軍人たちに〈死は鴻毛よりも軽しと覚悟せよ〉と告諭した。教育勅語では〈一旦緩急アレハ義勇公ニ奉シ〉と国民に説いている。天皇を元首とした大日本帝国憲法のもとで、軍人勅諭と教育勅語は皇国のために命を惜しまない国民精神をつくる役割を果たすことになる。

第四章　日清戦争と三国干渉

1　利益線の朝鮮に出兵

「外交政略論」と軍備の強化

軍備の増強を進める山県有朋は、首相として第一回議会に臨んだ。大日本帝国憲法（明治憲法）が施行されて初めての帝国議会だった。一八九〇年（明治二十三年）十二月、山県は施政方針演説で持論を展開し、国家の独立は「主権線」（国土）だけでなく「利益線」も確保すべきだと説いた。首相の演説としては、異例の内容であった。

「国家独立自衛の道に二途あり、第一に主権線を守禦《しゅぎょ》すること、第二には利益線を保護することである。其の主権線とは国の疆域《きょういき》（境界）を謂《い》ひ、利益線とは其の主権線の安危に、密着の関係ある区域を申したのである。凡《およそ》国として主権線、及《および》利益線を保たぬ国は御座りませぬ。方今《ほうこん》列国の間に介立して一国の独立を維持するには、独《ひとり》主権線を守禦するのみにては、決して十分とは申されませぬ。必ず亦利益線を保護致さなくてはならぬことゝ存じます、今果して吾々が申す所の主権線のみに止らずして、其の利益線を保つて一国の独立の完全をなさんとするには、固《もと》より一朝一夕の話のみで之をなし得べきことで御座りませぬ。必ずや寸を積み尺を累《かさ》ねて、漸次に国力を養ひ其の成績を観ることを力《つと》めなければならぬことと存じます。即《すなわち》予算に掲げたるやうに、巨大の金額を割いて、陸海軍の経費に充《あ》つるも、亦此の趣意に外ならぬことと存じます。寔《まこと》に是は止むを得ざる必要の経費である」

この年の三月に山県が発表した意見書「外交政略論」にもとづく内容だった。

利益線と大陸作戦について――主権線を守るためには、隣接する地域の利益線を確保する必要がある、その地域は朝鮮で、清から朝鮮を守る必要があるというのです。山県の施政方針演説は、海外出兵により朝鮮に手を出し、清国と争うということにほかなりません。すでに艦隊条例（一八八九年七月）が発布され、常備艦隊を編制していました。海軍の兵力はたとえば明治四年ですと、将兵数は約一万七千人で艦艇は十四隻です。日清戦争の起きた明治二十七年には将兵は約十三万八千人、艦艇は五十五隻に増強されました。艦隊条例によって、鋼鉄製の巡洋艦を主力にする海軍となったのです。

大陸作戦を見据えた軍備拡張ですが、陸軍の場合は兵隊の数を増やすだけでなく組織も替えています。国内の警備が目的の鎮台は全国に六鎮台ありましたが、一八八八年（明治二十一年）に廃止されて六個師団に改められます。さらに近衛師団ができて、全部で七個師団になりました。日本列島は山脈が縦断し、平野部に水田が多いため、鎮台の構成では、騎兵や馬が砲車を曳く砲兵の活動する余地は少ないのです。また行動範囲も狭いため、兵站《へいたん》輸送などの任務にあたる輜重兵《しちょうへい》も必要がありません。歩兵二個連隊で編成される旅団が主力となり、若干の砲兵や工兵が付属しているだけでした。

しかし大陸作戦となると別です。旅団にかわり、歩兵二個旅団を主力にする機動的な総合兵力の必要から師団が生まれました。大陸の広大な平原で自由に活動できる騎兵や野山砲兵、それに上陸地点から長い補給線を担当する輜重兵、さらに大河の渡渉や架橋と道路建設のできる工兵も加わり、また大量の戦傷者の出ることを予想して野戦病院も設けています。いわゆる戦略単位として、どこに派遣されても、自立した作戦を展開できるのが師団の特徴です。こうして大陸作戦に向けての軍備を整えていくのです。

急速な軍備拡張は国家財政を圧迫し、国民に大きな経済負担を強いることになる。このため山県内閣の提出した予算審議は難航した。というのは第一議会の衆議院は、全議席三百のうち民党連合と呼ばれた立憲自由党が百三十一、そして立憲改進党が四十三だった。反政府の野党が過半数を占めていたのである。

山県は「強兵富国」を訴えて、一八九一年度の予算（歳入約八千六十万円、歳出約八千六十三万円）を提出した。しかし民党連合は「民力休養」（地租軽減）「経費節減」を一枚看板にして、歳出を一割カットする大幅削減の査定を行う。

軍備拡張の国家財政をめぐる攻防について――いわゆる民党による削減のほとん

どが庁費と人件費でしたから、憲法第十条の官制大権そして第十二条の陸海軍編制権をおかすものだとして、政府は民党の査定に強く反対します。人件費は陸海軍人も対象になっており、民党の削減査定は国是（維新以来の富国強兵政策とくに軍備拡張と条約改正）を危うくするとの意見も出されました。

民党と政府は激突しますが、第一議会で予算が不成立になれば日本は立憲政治を行う能力のないことを世界に示す結果になると、自由党土佐派の一部が妥協案を策します。結局、政府は六百十一万円の削減で手を打ちました。この結果、自由党は分裂し、絶望した中江兆民は議員を辞職します。妥協は一回限りでしたので、山県は継続事業として軍備拡張の予算を組んで、内閣を投げ出しました。

藩閥の元勲たちは責任を回避して後継内閣を引き受けようとしません。結局、山県内閣の蔵相を務めた松方正義が蔵相兼任の首相となり、外相が交代したにすぎない組閣に落ち着きました。国民の目には代わりばえのしない藩閥政府です。

民党は再び結束するが、薩摩出身の松方は攻勢に出た。議会開設前に組まれた明治二十三年度予算の剰余を合わせた継続事業費として、陸軍軍備費三百万円、軍艦製造費二百七十五万円、製鋼所設立費二百二十五万円、治水費九十四万五千円、北海道土地調査費十三万円余の計九百七万円余を臨時費の名目で要求したのだ。製鋼所は海軍省の所管になるので事実上の建艦費といえた。明治憲法第六十八条の〈予メ年限ヲ定メ継続費トシテ帝国議会ノ協賛ヲ求ムルコトヲ得〉を根拠にしている。

野党議員の多い衆議院は、政府案の歳出額から八百九十二万円余の削減を決議した。憲法第六十七条にある〈歳出ハ政府ノ同意ナクシテ帝国議会之ヲ廃除シ又ハ削減スルコトヲ得ス〉に基づき政府に同意を求めたが、政府は衆議院の解散を選んだ。このとき憲法第七十一条の〈帝国議会ニ於イテ予算ヲ議定セス又ハ予算成立ニ至ラサルトキハ政府ハ前年度ノ予算ヲ施行スヘシ〉により、前年度の予算を施行して、総選挙後の新議会に補正予算を提出することになった。

議会の解散について——明治憲法を発布し議会を開設する前に、藩閥政権が合意していた重要な方針が〈超然主義〉でした。天皇に任命された内閣は、政党や議会の動向に左右されずに国是の継続と実行を目指し、もし衆議院の野党が多数になって内閣の方針に反対するならば、何度でも議会の解散を辞さないという主義です。

予算を否決されれば憲法七十一条によって前年度予算を執行し、解散後の総選挙による次の議会で追加予算を通せばよいということでした。何度も解散すれば野党は選挙資金に苦しみ、多数党を維持できまいと見込んでいたのです。

このため一八九一年（明治二十四年）十二月に総選挙に打って出た松方内閣も、受けて立つ民党にしても、負けられない選挙になりました。松方内閣は陸相と海相が薩摩出身、内相が長州出身のいずれも武断派でした。彼らを中心に各府県知事と警察に命じて、民党の選挙妨害と与党候補者の援助をはかるという、空前絶後の選挙干渉を行います。勅令で予戒令（公共の安寧秩序を乱す行為に対する処罰）を公布したうえで、言論や集会を制限して民党の取り締まりを強化するのです。この結果、各地で流血騒動が起き、死者二十五人、負傷者三百八十八人といわれています。民党とその支持者が死傷し、多くの有権者が脅迫を受けて投票できませんでした。

総選挙の投開票は一八九二年二月に行われ、立憲自由党（九十四議席）と立憲改進党（三十八議席）のいわゆる民党は合わせて百三十二議席という結果で、過半数に足りなかった。しかし与党（吏党と称された）の中央交渉部（中央交渉会とも呼ばれた）は九十五議席で民党に及ばず、中立の独立倶楽部が三十一議席を占めた。

松方内閣の打撃は議席数だけでなく、無法な選挙干渉に内部からも批判の声があがり、辞職する閣僚が相次いだ。枢密院議長の伊藤博文は辞意を表明した。それでも補正予算を成立させる必要から、松方は第三議会を招集せざるをえなかった。議会では内閣弾劾《だんがい》決議が可決され、この結果、製鋼所設立費や軍艦製造費が減額された。第一次松方内閣は退陣に追いこまれた。

超然主義と詔勅の威力

松方内閣の後を継いだのが第二次伊藤内閣だった。伊藤博文は元首相の黒田清隆、山県有朋、さらに井上馨や大山巖《いわお》ら大物を閣僚に加えて強力な布陣で臨んだ。岩井さんは「藩閥超然主義政権が、民党勢力に最後の決戦を挑むための陣容でした。伊藤内閣は第四議会に賭けたといえるでしょう」と指摘する。

伊藤は「海軍の拡張は、急中の急である」と強調したが、民党は河野広中《こうのひろなか》が予算委員長として奮迅し、軍艦製造費の全額削減を決めた。そこで再び憲法第七十一条により政府の同意を求める。民党と政府の衝突の末に河野は、内閣総辞職か衆議院解散か査定案同意かのいずれかを選ぶように政府に迫った。伊藤内閣が総辞職しないため内閣弾劾上奏案を可決し、議長を通して宮中に提出する。

一八九三年二月七日、明治天皇は受納して〈朕之を熟覧し置く〉と答えている。そして二月十日、天皇は首相の伊藤をはじめ各大臣、各枢密院顧問、貴族院と衆院の両議長を宮中正殿に召集する。この席で天皇は〈在廷の臣僚及び帝国議会の各員に告ぐ〉とする詔勅（天皇が意思表示した文書）を与えた。岩井さんによると「和衷協同の詔勅」と呼ばれ、趣旨は次の通りである。

〈憲法第六十七条に掲げたる費目は、既に正文の保障する所に属し、今に於いて紛議の因たるべからず。但し朕は特に閣臣に命じ、行政各般の整理は、其必要に従い、除《おもむ》ろに審議熟計して遺算なきを期し、朕が裁定を仰かしむ。国家軍防の事に至りては、苟《いやしくも》も一日を緩くするときは、或は百年の悔《くい》を遺さん。朕茲《ここ》に内廷の費を省き、六年の間、毎歳三十万円を下付し、また文武官僚に命じ、特別の情状ある者を除く外、同年月間、其の俸給十分の一を納れ、以て製艦費の補足に充てしむ。朕は閣臣と議会とに倚《よ》り、立憲の機関とし、其の各々権域を慎み、和協の道に由り以て朕か大事を補翼し、有終の美を成さんことを望

む〉
詔勅には御名御璽《ぎょじ》に加えて、首相以下の大臣の副署がついていた。

詔勅の威力について――詔勅を受けた衆議院は〈聖旨を奉戴〉する〈奉答文〉を議決して上奏します。歳出を二百六十二万円、追加予算は歳出の九万円を削減することで妥協が成立しました。勅語の威力といえるでしょう。これで民党が多数を占める衆議院は陸海軍費、なかでも当面の建艦費で政府と争うことが不可能となります。民党の一枚看板だった地租軽減も建艦費削減と相関関係にありましたから、文字通り看板倒れにならざるを得ません。こうして自由・改進両党の連合で生まれた民党も解体に追いこまれます。

詔勅の草稿は、伊藤博文が自ら書いており、国会図書館憲政資料室に現存しています。衆議院から弾劾された伊藤は、自分で書いた詔勅を天皇に出してもらい、そうして民党の攻勢を防ぎました。このことは大日本帝国憲法下での、立憲政治の実態をみるうえで注視しておく必要があるのではないでしょうか。

まさに詔勅の威力であり、明治政府の切り札になっていくのだった。

さて首相を退いた山県有朋である。自身の弁によると〈本来の仕事である軍事に意を注ぎ〉とのことだった。そして枢密院議長に就任した一八九四年（明治二十六年）九月、山県は長文の意見書を提出する。

〈東洋には何時どのような事態が現出するか予測を許さず、そこで、「東洋の禍機《かき》は今後十年を出でずして破裂するものと仮定」して、これに備えることが実に「国家百年の上計」である。わが国としては「今後八、九年間に十分其の兵力を整へ、一朝事あるも之が為めに禍害を蒙《こうむ》らざるのみならず、乗ずべきの機あらば、進んで利益を収むるの準備を為すべきである。しかも、わが国現在の軍備が「進攻」の力を欠いていることはもちろん、「退守」の面でも充分とはいえない。そこで、今後鋭意軍備の拡張をはからなければならないが、中でも「最大急務」は、海軍の拡張である。今日のわが海軍は「個々の要港」を防衛するにも不充分であるが、「東洋の危機に処し、以て天下の衡を制せんと欲する」以上は、海軍は大拡張を必要とする。（中略）今日「民間の政論者と議会の多数」とはしきりに「民力休養」と唱え地租の軽減を要求しているが、「国家危急」の現在にあってはそれは断じて時機ではない。しかも、「明治政府の精神は維新開国の聖詔を遵奉して我邦の独立を鞏《きょう》固《こ》にし列国と対峙して国光を宣揚する」ことにあるが故に、軍備の充実は条約改正とともに「明治政府」の課題であり、その実現のためには万難を排して邁進しなければならない〉（岡義武著『山県有朋』）。

軍国主義者の山県有朋は、「利益線の保護」と「強兵富国」を力説してやまなかった。意見書にある「乗ずべきの機あらば、進んで利益を収むるの準備を為す」との発言に、「進攻」のできる軍隊をつくろうとする真意を読み取ることができる。

朝鮮内乱と戦時大本営の設置

壬午軍乱（一八八二年）から甲申事件（一八八四年）と続いた朝鮮国内は、相変わらず波乱に満ちていた。朝鮮王国の末期に勃発した内乱は、新興宗教の東学の台頭とともに始まった。

〈東学というのは、一八六〇年に、すでに朝鮮に浸透していた天主教（カトリック）＝西学（西洋文明）に対抗して、儒・仏・道の三教を合わせてつくられた民衆宗教です〉〈「人乃天（人すなわち天）」による「保国安民」を宗旨としました。この「人乃天」というのは、絶対的な価値の基準は超越的な神ではなく、万人の心のなかにある天主だというものです。そのため、この思想は、封建的な身分差別に反対する広汎な民衆のなかに浸透していき〉〈民衆のなかに秘密結社をひろめていきました。政府はすでに欧米諸国との条約締結のさい、各国の宣教師によるキリスト教の布教を黙認していましたが、東学はこれを侵略の手先である邪教として認めませんでした〉（尹健次著『もっと知ろう朝鮮』）

東学という宗教で結ばれた農民たちは、朝鮮政府の打倒（反封建）と外国勢力の追放（反侵略）を掲げて立ち上がった。朝鮮政府は閔妃（明成皇后）の腹心が率いる軍隊を出動させるが、東学の地方幹部が主導する農民軍に敗退を喫する。

農民軍は全羅道の中心地・全州を占領して、その勢力を拡大していった。一八九四年（明治二十七年）五月のことで、この年の干支から甲午《こうご》農民戦争と呼ばれる。国王高宗と閔妃は清国・袁世凱に「借兵」を要請する一方で、農民軍の宣撫に乗り出した。

結局、朝鮮政府は六月一日、非公式ながら袁世凱に清国軍の派遣を要請する。公式に派遣要請のあった三日、清国軍はただちに出動した。

そこで日本政府である。折しも六月一日は、衆議院が内閣弾劾決議を上奏し、内閣は翌二日に衆議院の解散を決定する閣議を召集していた。この閣議で外相の陸奥宗光《むつむねみつ》は、在漢城（現ソウル）の杉村濬《ふかし》臨時代理公使から受け取ったばかりの電報を回覧する。そこには、朝鮮政府が清国に派兵を依頼したとあった。

このときの閣議については、陸奥宗光が著した回顧録『蹇蹇録《けんけんろく》』に詳しい。「蹇蹇」とは、心身を労して忠実を尽くすことだという。

〈杉村より電信ありて朝鮮政府は援兵を清国に乞いしことを報じ来れり。これ実に容易ならざる事件にして、もしこれを黙視するときは既に偏傾なる日清両国の朝鮮における権力の干繫《かんけい》をしてなお一層甚だしからしめ、我が邦は後来朝鮮に対しただ清国のなすがままに任するの外なく、日韓条約の精神もためにあるいは蹂躙《じゅうりん》せらるる虞《おそれ》なきに非ざれば、余は同日の会議に赴くや、開会の初めにおいて先ず閣僚に示すに杉村の電信を以てし、なお余が意見として、もし清国にして何らかの名義を問わず朝鮮に軍隊を派出するの事実あるときは、我が国においてもまた相当の軍隊を同国に派遣し、以て不虞《ふぐ》の変に備え、日清両国が朝鮮に対する権力の平均を維持せざるべからずと述べたり。閣僚皆この議に賛同したるを以て、伊藤内閣総理大臣は直ちに人を派して参謀総長熾仁親王殿下および参謀本部次長川上陸軍中将の臨席を求め、その来会するや乃ち今後朝鮮へ軍隊を派出するの内議を協《かな》え、内閣総理大臣は本件および議会解散の閣議を携え直ちに参内して、式に依り、聖裁を請い、制可の上これを執行せり。
かく朝鮮国へ軍隊を派遣するの儀、決したれば、余は直ちに大鳥特命全権公使をして何時たりとも赴任するに差支えなき準備をなさしめ、また海軍大臣と内議して同公使を軍艦八重山に塔じ、同艦には特に海兵若干を増載し、かつ同艦および海兵は総て同公使の指揮に従うべき訓令を発せしむることとなし、また参謀本部よりは第五師団長に内訓し同師団中より若干の軍隊を朝鮮に派するために、至急出帥《すいし》の準備をなすべき旨を命じ、また密かに郵船会社等に運輸および軍需の徴発を内命し、急遽の間において諸事最も敏捷《びんしょう》に取り扱いたり。かかる廟算《びょうさん》は外交および軍事の機密に属するを以て、世間いまだ何人《なんぴと》もこれを揣《し》測《そく》する能わず。而して政府の反対者は廟議既にかく進行せしを悟らず、頗りにその機関新聞において、もし遊説委員を以て朝鮮に軍隊を派遣するの急務なるを痛論し、劇《はげ》しく政府の怠慢を責め、以て暗に議会解散の余憤を洩らさんとせり〉
ともあれ陸奥宗光の主導で、朝鮮出兵の方針が決定された。外征型の常備軍を保有していると、何はともあれ動かしたくなるのだろうか……。
陸奥外相の指示を受けて、賜暇《しか》休暇で日本に帰っていた大鳥圭介公使は五日、約三百人の海兵を率いて軍艦八重山で仁川に向かう。続いて、大島義昌中将の率いる混成旅団の七千人も広島・宇品港から出兵した。軍部も朝鮮に権力を扶植する好機とばかりに動いたのだった。

陸奥外相の狙いについて——天津条約で定めた〈行文知照〉（一国が派兵を必要とするときは互いに知らせ合う）により、清国は派兵するに際して日本に通知があるはずだと見込んだうえで、外相の陸奥宗光は日本も軍隊を出すことを提案して閣議の支持を得たのです。陸奥は〈日清両国の権力の平均〉を維持するための出兵だと言っていますが、陸奥の腹の内は開戦ありきでした。

そこで主戦派の陸奥宗光の経歴である。陸奥は紀州藩の出身で、坂本龍馬の海援隊に参加している。明治維新では廃藩置県や地租改正に奔走して元老院議官となった。このあと西南戦争に乗じて、立志社の有志らと政府転覆を謀ったとして禁錮五年の刑に処せられた。特赦によって出獄すると、伊藤博文の勧めでロンドンに留学する。一八八六年二月に帰国してから外務省に入り、駐米公使を務めるなど、外交面で注目を集めた。第一次山県有朋内閣で農商務相に就任しており、このときの秘書が原敬である。第二次伊藤内閣で外相になった。

清国との開戦をもくろむ陸奥の積極発言で、朝鮮への派兵が進んだ。駐日清国公使から朝鮮出兵についての正式に報告があったのは、一八九四年（明治二十七年）六月七日のことである。日本政府は二日前の五日に、戦時大本営を設置済みだった。

大本営は天皇に直属する軍事の作戦指導本部のことで、前年の五月に公布された「戦時大本営条例」によった。大日本帝国憲法第十一条に「天皇は陸海軍を統帥す」と明記されており、戦時の最高の統帥機関が大本営であった。戦時大本営条例は四カ条からなり、次の通りである。

第一条　天皇ノ大纛《たいとう》（天皇のいる陣所）下ニ、最高ノ統帥部ヲ置キ之ヲ大本営ト称ス
第二条　大本営ニ在テ帷幄ノ機密ニ参与シ、帝国陸海軍ノ大作戦ヲ計画スルハ参謀総長ノ任トス
第三条　幕僚ハ陸海軍将校ヲ以テ組織シ其人員ハ別ニ定ムル所ニ依ル
第四条　大本営ニハ各機関ノ高等部ヲ置キ、大作戦ノ計画ニ基キ其事務ヲ統理セシム

朝鮮半島で起きた甲午農民戦争を奇貨として大本営を設置したのは、政府と軍部が清との開戦を決意していたからにほかならない。日清戦争を見据えて、陸軍と海軍の一体化を

図る狙いがあったようだ。何かと主張が折り合わない陸軍と海軍が、戦時に個別行動をしては支障がでるのは明らかだろう。

ところが大本営条例第二条に〈帝国陸海軍ノ大作戦ヲ計画スルハ参謀総長ノ任トス〉とあるため、海軍がクレームをつけた。参謀総長（当初は参謀本部長）は陸軍のトップなので、海軍にしたら、なぜ陸軍の指揮下に入るのだとなる。

陸軍参謀本部が設置された経緯はすでに記したように、陸軍卿の山県有朋が政治の関与を排除するために、一八七八年（明治十一年）に軍令機関として独立させた。このとき公布された参謀本部条例をみると〈帷幄ノ機務ニ参画スルヲ司トル〉とあり、さらにこう記す。〈戦時ニ在テハ凡《すべ》テ軍令ニ関スルモノ、親裁ノ後直ニ之ヲ監軍部長、若クハ特命司令将官ニ下ス〉

参謀本部条令により、天皇に直接裁可を求める帷幄上奏権は参謀本部長に付与されていた。いわば大本営条例の先取りともいえるが、海軍は納得しかねた。このためすぐに海事軍令部条令を制定する。

海軍の作戦は海軍軍令部長（陸軍の参謀総長に相当）の専管事項とすることで決着をみた。こうして政府と軍部は、日清戦争の準備を進めていくのだった。

〈政府の方針が尚《な》お開戦と決せざるうちに、大本営を設置して軍部が開戦の覚悟を示す態度に出たことは、外交上に重大条件を与えたものであって、大本営が設置されて、作戦を指導する以上、開戦は既に決定されたも同様である。（中略）軍事的に見れば、決意明確、処置迅速《じんそく》として認むべきも、政治的に見れば、軍部が政府の方針を無視して、独断的に時局を急転せしめた責任は免れないであろう〉（松下芳男著『明治軍制史論上巻』）

2　開戦に反対だった明治天皇の役割

開戦の口実を求めて「王宮占拠事件」

明治政府は大本営を設置した二日後の一八九四年六月七日、新聞紙条例によって「軍隊・軍艦・軍機・軍略に関する事項」の報道を禁じた。第二十二条の「陸海軍大臣の掲載禁止権限」を適用したのである。

朝鮮への派兵について——日本はこの時点で臨戦態勢に入ったといえます。約七千人からなる陸軍混成旅団は、六月十六日に仁川に到着して上陸を始めました。朝鮮では、日清両軍のにらみ合いとなりますが、そもそも日本政府の公式な出兵名目は、公使館および在留邦人の保護でした。朝鮮の開港地に約一万人の日本人がいましたが、甲午農民戦争が沈静化して危険はほとんどなくなっていたのです。このため清は日清両軍の引き揚げを希望し、大鳥公使もこれ以上の増兵は外交の上で得策ではないとの意見を上申します。

しかし外相の陸奥宗光は納得しません。〈翻って我が国の内情を視れば最早騎虎《もはやきこ》の勢い既に成り〉と判断して、〈外交にありては被動者たるの地位を取り、軍事にありては常に機先を制せん〉ともくろみ、〈何とか一種の外交攻略を施し時局を一転するの道を講ず〉とばかりに引き下がりませんでした。

首相の伊藤博文は六月十三日の閣議で、日清両国で協力して「朝鮮内政改革」に当たっていく旨の提案をする。朝鮮における日本のプレゼンスを高める成果を狙ったものだが、外相の陸奥は応じなかった。陸奥は、日本軍を撤兵させないで朝鮮の内政改革を清と協議する、清が内政改革に不同意の場合は日本単独で内政改革を進める――という二項目の追加を提案し、これが閣議の了承を得た。
陸奥は清が反対するように仕向けた朝鮮内政改革案を、あえて清と朝鮮に突きつけた。いわば清との対立を導くための口実であった。

開戦論の支持について――七月十七日のことです。青木駐英公使から、イギリスが日本との新条約に調印したとの電報が届きました。国民がながく望んだ対等条約の改正が実現したのです。当時、世界の最大強国とみられていたイギリスとの条約改正が成功したことで、日本の対清政策がイギリスによって妨害されることはないだろうとの確信から、陸奥宗光や山県有朋の直系といわれた川上操六《そうろく》参謀次長の開戦論が支持を得ました。そこで陸奥は、清国と軍事衝突を引き起こす策を練り、大鳥公使に訓令を与えます。

そこで「王宮占拠事件」に打って出るのだが、陸奥の回顧録『蹇蹇録』は次のように、生々しく記している。
〈最早日本政府は当然自らなすべき所をなすの外なし、事宜に依れば我が権利を伸張するため兵力を使用するも計られず、と言明し置き、他の一面には大島旅団長と協議を凝らし、翌二十三日の払暁を以て竜山に在営する若干の兵員を急に入京せしめたる際、王宮の近傍において突然韓兵より先ず発砲したるを以て我が軍はこれを追撃し、城門を押し開き闕内《けつない》に進入したり。朝鮮政府の狼狽は名状すべからず。（中略）朝鮮国王は勅使を以て大鳥公使の参内を求め、大院君は国王に代り同公使を引見し、自今国政を総裁すべき勅命を奉じたることを述べ、内政改革の事は必ず同公使と協議に及ぶべしと約せり。朝鮮改革の端緒はここに開けたり。而して朝鮮は公然清韓条約を廃棄する旨を宣言せり。また国王は更に同公使に向かい、牙山駐屯の清軍を駆逐するために援助を与えんことを依頼したり。尋《つい》で日本軍隊は牙山、成歓において大いに清軍を打破し、これを遁走せしめたり。これより先、牙山沖なる豊島近傍において端なく日清両国の軍艦相遭い、清艦先ず戦闘を開きたるも勝利は日本軍に帰したり。日清両国の平和は已に破裂したり〉

我田引水ともいえる回顧録だが、陸奥の訓令に従って、大鳥公使と陸軍が動いたのは間違いない。

〈あらかじめ計画された筋書きどおりに、七月二三日早暁三時ごろ、日本軍が城内に入って諸門を固め、市内を巡視する一方、歩兵第二一連隊第二大隊を中心とする「核心部隊」

が迎秋門（西門）を打ち破って景福宮に侵入、国王を虜《とりこ》にし、王宮内の武器を押収、制圧したのだった。この事件は、八月二〇日調印の「暫定合同条款」で「両国兵員偶爾《ぐうじ》（偶然の）衝突事件は彼此《ひし》（あれこれと）共に之を追究せざる可し」として封印してしまったが、平時、外国軍隊が王宮に侵入し、国王を捕らえるということは、空前の暴挙というほかない〉（海野福寿著『韓国併合』）

朝鮮半島や中国東北部を舞台に、日本軍はその後も〈空前の暴挙〉を繰り返すが、朝鮮ではこの後に「閔妃暗殺事件」を引き起こしている。

満州事変の発端となった柳条湖事件（一九三一年九月）や日中戦争の引き金になった盧溝橋事件（一九三七年七月）にみられるように、日本軍によって仕組まれた王宮占拠事件であった。そのことを彷彿とさせるのが、陸奥宗光による〈突然韓兵より先ず発砲したるを以て我が軍はこれを追撃し〉の一文である。

「文野の戦争」と援護報道

清と開戦すべく陸海軍を出動させていた日本は、朝鮮の「王宮占拠事件」を受けて奇襲攻撃に出た。七月二十三日には陸軍が漢城を占拠し、二十五日は海軍が豊島沖で清国海軍に勝利している。陸奥宗光の回顧録の通りだが、言論機関の援護報道もあった。『東京日日新聞』は七月二十日付の社説で、清国への強硬姿勢を打ち出している。

〈清の優柔因循《いんじゅん》、時に虚喝を用い、時に詐謀《さぼう》に耽《ふけ》る。我れ大局の平和を思うて隠忍ここに至る。而して暴力を挟み韓廷を脅すの一挙に至りては、韓の独立を保護せんとする我が積年の方針よりいうも、将《ま》た我が好意に対する敵意を以てするよりいうも断じて忍ぶべからず〉。さらに七月二十六日の社説は、こう訴える。〈曠日彌久《こうじつびきゅう》（空しく日を過ごすこと）も時によってこれを必要とすることあるべし。……しかれども開戦していたずらに小紛争を事とするは兵機において最も不可とす。吾曹《ごそう》は戦うならば直《ただち》に大戦し、なるべく決戦を急がんことを欲す〉

戦火が避けられないのならば、早急に開戦すべしとトーンを強めたのである。

また明治を代表する言論人の福沢諭吉が創刊した『時事新報』は、七月二十九日付の社説で「日清の戦争は文野《ぶんや》の戦争なり」と主張した。「文明」と「野蛮」の戦争だと対立軸を明確にして、こう書いている。

〈幾千の清兵は何れも無辜《むこ》の人民にして、之を鏖《みなごろし》にするは憐れむ可きが如くなれども、世界の文明進歩の為めに其妨害物を排除せんとするに多少の殺風景を演ずるは到底免れざるの数なれば、彼等も不幸にして清国の如き腐敗政府の下に生れたる其運命の拙きを自から諦むるの外なかる可し〉

こうした「援護射撃」を得て、日本政府は八月一日、清国に宣戦布告する。陸奥は〈八月一日を以て、我が皇は宣戦の大詔を発し給えり〉と回顧録に書いた。

岩井さんは「陸奥の回顧録は有名ですが、そこには明治天皇の言動は何も記載されていません。せいぜい御前会議の出席が書かれているだけです」と語る。開戦派の陸奥に対して、明治天皇はこの戦争に反対だったといい、そこから二人の間に距離が生じたようだ。

天皇の真意と憤懣について――清国に宣戦布告する二十日ほど前の七月十二日のことです。首相の伊藤博文は、元老の松方正義から強く開戦を求められたとき、次のように語ったと『紀』（宮内庁編『明治天皇紀第八巻』）は伝えています。

〈伯爵松方正義、昨日の閣議に於て、対清開戦の議未だ決せざりしを知り、是の日内閣総理大臣伯爵伊藤博文を訪ひて曰く、清国驕頑《きょうがん》日に甚し、朝鮮国亦亡状を極む、而して我が政府は逡巡躊躇して将《まさ》に機を失はんとす、兵を出さざれば則ち已《や》む、既に大兵を出して其の事天下に明かなり、況んや大計既に御前会議に於て決定せるにあらずや、然るに政府言を左右に託し、優柔不断なるは何事ぞやと、博文答へて曰く、開戦の理由尚充分ならざるを思うと、正義曰く、清国が朝鮮国の独立を害すること既に明かなり、又世論の沸騰を観よ、平生《へいぜい》政府に反対する者と雖も、大事に臨んでは上下一致せざるべからざるを知る、故に隠忍して今日に至れり、然れども今や彼等政府の優柔不断なるを見て憤慨に堪へず、将に大反対を試みんとす、予彼等に説くに、官民反目の時にあらざるを以てしたるに因り、漸《ようや》く事なきを得たり。若し夫れ尚空しく数日を経過せん乎、世論の紛擾《ふんじょう》抑ふべからず、又外国の干渉なきを保し難し、今に至り無為にして兵を徹するが如きあれば、外は国威を失墜し、内は人心復た離散すべし、若し今日の言聴かれずんば、再び相見ることなからんと、博文之を諒とす、蓋《けだ》し当時正義は野に在り、博文は台閣の首班に在り、其の責任自ら異なり、但天皇は、日清親善と東洋の平和とを軫念《しんねん》したまうこと最も切なるのみならず、清国と事を構へて、第三国に乗ぜしむる機会を与へんことを憂慮したまひ、容易に開戦を裁断したまはず、博文の一層慎重熟慮する所以なり〉

開戦の口実を作為してでも戦争に持ち込もうとする陸奥宗光と明治天皇の間に相

当な距離があったため、伊藤博文は首相として苦しんだようです。天皇は側近の侍従長を伊藤と陸奥の自宅に派遣するという異例の措置で、情報を収集したうえで意見を伝えたと思われます。

しかし、外交の機微が天皇に報告される体制にありません。最終の御前会議を経ずに、天皇は閣議決定の宣戦詔書案の裁可を求められました。『紀』（八）はこう記しています。

〈宣戦の詔を公布せらるゝや、宮内大臣土方久元《ひじかたひさもと》御前に候し、神宮並びに先帝陵の奉告勅使の人選に就きて叡旨《えいし》を候す。天皇宣《のたま》はく、其の儀に及ばず、今回の戦争は朕素より不本意なり、閣臣等戦争の已むべからずを奏するに依り、之れを許したるのみ、之れを神宮及び先帝陵に奉告するは、朕甚だ苦しむと、久元事の意外なるに驚き、奏して曰く、曩《さき》に既に宣戦の詔勅を裁可あらせらる、然るに今に於て斯かる御沙汰あらせるゝるは、或は過まりたまふことなきかと極諫《きょっかん》す、忽ち逆鱗《げきりん》に触れ、再び謂ふなかれ、朕復た汝を見るを欲せずと宣ふ、久元恐懼《きょうく》して退出し、官邸に帰りて熟考するに、宣戦の詔勅は既に中外に公布せられ、陸海軍は既に出征の途に上る、戦局の将来実に憂慮に堪へず、然るに聖旨《せいし》此の如し、之れを伊藤総理大臣に謀らんか、総理大臣之を聞かば事彌々《いよいよ》困難なるべしと、煩悶苦悩、終宵眠る能はず、然るに翌早朝侍従長侯爵徳大寺《とくだいじ》実則《さねつね》、久元の邸に来り、速やかに勅使の人名を選定して奉呈すべしとの聖旨を伝ふ、久元急遽参内して御座所に候す、龍顔麗しくして毫も平常に異ならせられず、直ちに奏する所を允《ゆる》したまふ、久元感泣して退く〉

天皇が憤懣《ふんまん》にたえなかったのは、宣戦の奉告祭に出ず、式部長に代拝させていることからも明らかです。

明治憲法発布以前にプロイセンの制度にならって、天皇に直属する軍事内局の設置が提議されたことがあります。このとき参謀本部は〈我邦に於ては天皇陛下軍政を親裁し玉ふの日猶浅きを以て前条の会議（陸軍大臣、参謀本部長、監軍）を組織するを要用とする者の如し〉と内局設置に反対していました。この時点で天皇は軍政に期待される存在ではなかったことを示しています。

ところが日清戦争にあたり、ようやく自分の意志で親裁をはじめようとした天皇の頭越しに、相変わらず外交と軍事の既成事実が進んでいき、それらの経過の詳細について責任機関から天皇への十分な報告がありませんでした。このため天皇は側近の侍従をわざわざ責任機関に派遣して事情を把握するしかなかったのです。宣戦の詔勅案に接したとき、天皇は立場上、もはや承認するしかありませんでした。その憤懣が、政府ならぬ宮内大臣の土方久元に浴びせられたといえるでしょう。しかし、天皇は感情を抑えて、憲法上の天皇の立場にかえらざるをえませんでした。

「軍人天皇」のイメージづくり

一八九四年（明治二十六年）に制定された戦時大本営条例は〈幕僚は陸海軍将校を以て組織す〉と定めており、参謀総長と幕僚の陸海軍将校だけによる組織だった。文官の列席が認められていないため、首相の伊藤博文は天皇に願い出て、天皇の〈特旨〉により大本営に参加する。岩井さんは「それだけ伊藤は、天皇の信任が厚かったのです」と語る。

岩井さんによると、伊藤博文は文武の協力が必要だと天皇に建白している。イギリスやロシアをはじめとする外国勢の干渉を危惧した伊藤は、軍部の独走に歯止めをかける必要を感じ取っていた。

というのも清国に宣戦布告した直後の八月二十九日、第五師団と第三師団を基幹にした第一軍の司令官に山県有朋が就くことが裁可されたことによる。元首相の山県はこのとき枢密院議長だった。なによりも陸軍に君臨していた。そうした立場にある者が軍司令官になった例はなく、山県が強く天皇に願い出た結果だという。

山県有朋は九月一日に東京を発ち、桂太郎の率いる第三師団も続いた。岩井さんは「政治と戦略の統一を図るうえで、伊藤博文にしても天皇の権威をかりるほかなかったのです」と語る。伊藤は天皇と話し合い、大本営を広島に移すことを決めた。広島城内には第五師団司令部が置かれており、宇品港から朝鮮や中国に向かう兵士を送り出していた。

天皇は九月十五日から翌年の四月二十六日まで、広島大本営の御座所で過ごしている。軍服を着て政務を執り、夏場でも兵隊と苦難を共にするとの強い意思から蚊帳をつらなかったという。こうして「軍人天皇」のイメージが形成された。それは政府にとって、国民を戦争に協力させる力となった。

天皇の権威について――軍を統制するうえで、天皇の権威が絶大な役割を果たした一例が「山県有朋召還事件」です。山県は第一軍司令官として、遼東半島に陣取りましたが、大本営の冬営命令に反して独断で海域攻撃作戦を下命します。当然、命令違反ですが、藩閥の実力者を処分するわけにもいきません。山県の直系の部下だった桂太郎が首相の伊藤博文に頼みこんで、遼東半島の戦地で胃腸病に苦しむ山県を召還するという、恩命の詔書を天皇に出してもらったのです。十二月十八日のことですが、山県は不本意ながらも、面目を保って帰国できました。

伊藤博文ら政治家と軍部が天皇に期待したのは、意見の不一致が起きやすい問題の解決にあたり、その権威の裏付けでした。

しかし、日清戦争が天皇の指導で行われたわけではない。岩井さんは「日清戦争は、陸海軍と政府（伊藤や陸奥ら）の協力によって遂行され、伊藤を中心とする戦争指導が天皇の権威によって正当化されたのです」と指摘する。

主戦論と旅順口虐殺の報道

日本政府は明治維新以来、欧米列強の一角にくい込もうと軍隊の強化をはかってきた。清国の支配下にあった朝鮮への進出を既定路線にして、日清戦争に臨んだ。『毎日の3世紀上巻』は次のように記している。

〈日本軍が海に陸に、強大とみられていた清国軍と対等以上に戦っていることは、国民を興奮と歓喜に酔わせた。衆議院は党派を超えて政府・軍の戦争推進策を支持し、東京朝日、国民などの各紙はもとより「平和」を旨としていた東日、戦争に比較的中立的な立場をとってきた大毎も、「敵国」清を徹底的にたたくように主張するようになり、戦闘状況を大々的に報道するようになった〉(東日は東京日日新聞、大毎は大阪毎日新聞の略)

戦争は前線の兵士だけでなく、メディアと国民もまた熱狂して間接的ながら参戦していった。天皇制軍国主義国家を築いた明治政府と軍部の思惑通り、日本は国を挙げて日清戦争に取り組んだ。李鴻章の私兵とまで言われ、兵士の士気が統一されていなかった清軍との違いが勝敗をわけた一因でもあったといわれる。続けて『毎日の3世紀上巻』はこう書き留めた。

〈相次ぐ戦勝の報は国民をますます熱狂させ、戦争批判さえ許さない風潮が支配していった。米国のクエーカー教徒の運動の流れを汲む「日本平和会」が北村透谷《とうこく》らを中心に細々と活動を維持していたが、戦争前に透谷は自殺、開戦とともに運動は分裂し、さらに弱体化の道をたどる。敬虔なクリスチャンだった内村鑑三でさえ、日清戦争を正義のために戦う「義戦」だと主張(十余年後に「誤りだった」と自己批判)したほどだった。

新聞も主戦論と戦勝報道に明け暮れた。大毎の9月21日社説「何事ぞ平和論」は「此の際に於いて我が国の大目的を妨ぐる最も烈しき者は平和論なり、中立論なり。我が国たる者、断じて之を斥《しりぞ》け、最後の決戦を為さざるべからず」と書き起こして、和平の動きを警戒し、東日の同22日「国民の自覚」は、「(日本は)既に以て優に大国と称するに足る。……陸海軍の充実整備、亦た優を東亜に称する。英・露・独・仏の欧に於ける、なお或いは一日の長あらん。伊・澳(オーストリア)の如き、我、素より優に之に匹するのみならず、東亜の局面に於いては我、英・露と競うに於いて現に遜色を見ず。独・仏の如きは固より数うるに足らざるなり」と、日本軍の優位を自賛している。

ここで着目したいのは「旅順口の虐殺、市民も犠牲」の項である。

〈旅順口攻略の際、日本軍が清国の軍人だけでなく一般の市民まで殺傷に及んだことが、11月4日、ニューヨーク・ワールド紙の特報で明らかにされ、米国世論の憤怒を買った。日本の新聞はこれにほとんど触れることがなかった中で、東日は12月8日の6面、甲秀輔特派員の記事中に、旅順口陥落後、即ち(11月)22日以来、我が兵の気勢、恰も猛火の如く、触るるも障るもの一として焦爛《しょうらん》せざるものなく、旅順の市街は一時屍山血河の惨状を極め、清人と見れば悉《ことごと》く屠戮《とりく》せられんず有様なるより……というくだりが見られる〉(『毎日の3世紀上巻』)

ここに登場する『ニューヨーク・ワールド』紙は、新聞王と呼ばれたジョセフ・ピュリッツァーの経営する大衆紙で、国内の社会問題や国際報道に定評があった。旅順口虐殺は特派員のジェームス・クリールマン記者が特報した。

〈若いクリールマンは、来日当初は日本の開戦詔書が主張した正義の文明戦争という主張を受け入れ、日本の文明を賛美し、日本軍の勇敢さと国際法遵守を称える記事を書いていた。しかし、アメリカ領事のホーレス・アレン医師の手引きで朝鮮国王と会見した際に、国王が述べた、私を守るために米国兵を派遣して欲しい、という言葉から日本の主張する戦争目的に疑念を持ちはじめ、次いで旅順虐殺を体験して日本批判に転じる。彼は日本の文明化は外面上のものに過ぎず、その本質は野蛮であり、在日米国人の安全を守るために治外法権を維持すべきであると主張し、日米両国政府が調印した日米通商航海条約の上院での批准に反対した〉(大谷正著『日清戦争』)

また『毎日の3世紀上巻』によると、『ロンドン・タイムス』紙のトーマス・コーエン記者のインタビュー記事が『東京日日新聞』に掲載された。そこでコーエン記者は「余の非難するは、総ての抵抗絶えたる後に及んでなお、清国人を殺したる事なり」と述べている。前出の『日清戦争』はコーエン記者にも言及した。

〈コーエンは、センセーショナリズムには批判的だったが、虐殺事件についてはクリールマンと同じ認識を持っていた。（中略）彼は旅順から広島に戻り、イギリスに記事を発信すると同時に、一一月三〇日に伊藤首相と、翌日は陸奥外相と会談して、日本政府の善後策について問い糺《ただ》している〉

そこで、陸奥宗光の回顧録に目を向けたい。〈旅順口虐殺事件と日米条約との関係〉の項に、次の記述がみられる。

〈不幸にも彼の旅順口虐殺事件という一報が世界の新聞紙上に上るに至れり。何事にも輿論の向背を視て進退するに敏速なる米国の政治家は、かかる驚愕すべき一報を新聞にて閲読し決して対岸の火災として座視する能わず、元老院はやや日米条約を協賛するに逡巡したり。同年十二月十四日を以て、在米栗野公使は余に電稟《でんりん》して曰く、「米国国務大臣は本使に告ぐるに、もし日本兵士が旅順口にて清国人を残殺せしとの風聞真実なれば、必《ひつ》定《じょう》元老院において至大に困難を引き起すに至るべし」と。余は直ちに同公使に電訓し、「旅順口の一件は風説ほどに夸大《こだい》ならずといえども、多少無益の殺戮《さつりく》ありしならん。しかれども帝国の兵士が他の所においての挙動は至る処常に称誉を博したり。今回の事は何か憤激を起すべき原因ありしことならんと信ず。被殺者の多数は無辜《むこ》の平民に非ずして清兵の軍服を脱したるものなりという。かかる出来事より更に許多の流説を傍生せざる内に貴官は敏捷《びんしょう》の手段を執り、一日も早く新条約が元老院を経過するように尽力すべし」といい送りたり〉(『蹇蹇録』)

陸奥の抗弁する様が目に浮かぶようである。首相の伊藤博文は陸奥らと対応策を検討したが、事件関係者の処分を行わず、ひたすら弁明に終始した。伊藤博文をしても、軍の責任を問えなかった。いつしか軍は別格扱いされるようになり、それゆえに太平洋戦争に至るまで、この種の事犯が繰り返されたのだろう。

威海衛から台湾の攻略へ

首相の伊藤博文は文官であったが、天皇の〈特旨〉により大本営に列席していた。伊藤は政治外交上の立場から、統帥への関与もためらわなかった。旅順を占領した日本軍は渤海北岸に上陸する作戦を立てた。だが伊藤は、イギリスやアメリカから講和の打診があったことを重視して、作戦の変更を進言した。

伊藤博文の提示について——大本営の会議に首相として出た伊藤博文は、陸軍の作戦が〈朝鮮と遼東半島を制圧してから北京を攻略する〉と知り、別の作戦を提出します。それが〈威海衛《いかいえい》を衝き台湾を略す〉という方略でした。北京に通じる渤海湾の入り口に開かれた軍港・威海衛を占領し、さらには戦後の講和に備えて台湾も押さえておく術計です。伊藤は、北京を攻略すれば清国は無政府状態になり、居留民保護の目的で列国の干渉を招きかねない、と想定していたのです。そうして伊藤は、政治と戦略の統一をはかったのですが、そのためには天皇の権威を借りるほかはありませんでした。

伊藤が提示した威海衛攻略作戦は、海軍の軍令部長と大激論を交えたが、伊藤の主張のほうが的を射ていた。威海衛を攻略して勝利を決定的にした日本軍は、遼東半島を支配下におさめ、旅順に総督府を置いた。海軍は南下して、台湾の西方に位置する澎湖諸島の占領を進める。すでに台湾を照準においた作戦だった。

追い込まれた清国は、アメリカ公使を通じて講和を申し入れてきた。

日本軍の勝利について――日清戦争時の末期清朝は国家機構が腐朽し、軍に対する統帥機構や指揮命令系統も前近代的でした。銃の数にしても全陸軍兵力の三分の一相当しかなく、しかも輸入された銃は種類や口径や性能がまちまちで、そのため弾薬の補給にも支障をきたしました。清軍に比べて、日本の陸軍は軽快な村田銃に統一され、いっせい射撃の訓練もされていたので、当初から優勢の自信をもっていたようです。

対して海軍は、清国海軍にくらべて勝っていたとは言い切れません。しかし連合艦隊の速力は優勢で、数の多い中口径の速射砲の威力もあって、清の海軍を押し切ったのです。そうして黄海の海上権を握ることができると、陸兵の海上輸送は安全となり、陸戦の勝利を確実にします。

鉄道が敷設されていなかった清国では、兵力の動員と集中に時間がかかり、日本が選んだ戦場で劣勢を強いられました。海上輸送にしても清国軍は雇い入れた外国汽船に頼っていましたが、日本軍は自国の汽船を使っています。こうして大国である清国は陸海軍を有効に集中させることができず、結局は敗戦を重ねたのです。

3　日清講和条約と「臥薪嘗胆」

清国に過酷な講和条約

「戦利品」の意味は〈戦争でぶんどった品物。ぶんどり品。敵から押収または抑留すると同時に、所有権取得の効果を認められる物品〉（『広辞苑』のデジタル版）という。帝国主義時代の侵略戦争では、敗戦国の領地を分捕って植民地にした。では、日清戦争の勝利を目前にしたとき、日本国内の様子はどうであったか。

〈日本軍が朝《あした》に一城を取り、夕に一塁を陥れて進撃していたとき、当初の義戦論はどこへやら、国民は領土の割譲と償金の額について、各自勝手なことを論じあうようになっていた。北京を陥れて城下の誓いをさせろというのはおとなしいほうで、改進党のなかには「山東・江蘇・福建・広東の四省を領土とせよ」という勇ましいのもあれば、自由党は「吉林・盛京・黒竜江の東北三省と台湾を割譲させよ」と主張するというありさまである。また陸軍は、わが軍が血を流して占領した土地であるうえ、ロシアと清とへの戦略的要地であるから、遼東半島はぜひとも確保せよというのにたいし、海軍は日本の南進にそなえ、台湾をかならず領有せよと主張する〉(隅谷三喜男著『日本の歴史22』)

まさに「戦争熱」であり、ゆえに侵略戦争は反復されるのかもしれない。

さて、清との講和にあたって、日本側は首相の伊藤博文と外相の陸奥宗光が全権となり、清は李鴻章が全権として臨んだ。李は養子の息子ら百人からなる一団を従えていた。講和会議は戦勝した日本の下関で開かれ、一八九五年(明治二十八年)三月二十日から四月十七日にかけて七回に及んだ。

李鴻章は休戦条約の締結を申しこんできたが、日本側は天津や大沽の占領を担保として認めるのが条件だと突き返した。事実上、休戦条約の拒否であった。李鴻章は第三回の会議から講和交渉に入ると折れた。その第三回会議を終えた三月二十四日、李は宿舎に帰る途中で、二十六歳の青年テロリスト（政治活動家）に拳銃で狙撃される。命に別状はなく、李は四月十日から会議に出ている。

伊藤は軍事賠償金を三億両（テール）から二億両に減額したものの、李の求める修正には応じなかった。二億両は庫平銀《こへいぎん》（庫平という清国の秤ではかった銀貨）二億両のことで、日本円にして約三億一千万円にあたる。

日本政府と軍部は四月中旬、近衛師団と第四師団を乗せた輸送船を、李鴻章らの滞在している下関から大連に向かわせた。さすがの李も驚愕したようで、日本軍は北京を攻撃する計画だと、本国に伝えている。こうして四月十七日、十一条からなる下関条約（日清講和条約）が調印された。

かくして日本は、朝鮮半島から清国を追放したうえに、台湾や遼東半島を手に入れた。下関講和条約をコンパクトにまとめると——朝鮮の独立を承認、台湾・遼東半島・澎湖諸島の割譲、約三億一千万円の賠償金の支払い、日清通商航海条約の締結と沙市・重慶・蘇州・杭州の開市と開港、租界地の治外法権の承認、日本軍の威海衛の保障占領——などである。

日清戦争の人的損害は大江志乃夫著『東アジア史としての日清戦争』によれば、死亡者総数は二万一五九人で、軍人・軍属は一万三四八八人だった。そのうち戦闘による戦死・戦傷数は一四一七人と少なく、戦没者の大部分はコレラ、赤痢、腸チフスなどの病死だという。

下関条約と天皇の権威について——ここで押さえておきたいのは、朝鮮が清国の宗属国ではなく、独立自主の国であると認めさせたことです。表面的には日本が朝鮮の自主対等を確認したようにみえますが、実際は日本が自由に朝鮮を処分できると認めさせたことになります。かねてからの目論み通り、明治政府は朝鮮を保護国にする一歩を刻んだのです。

このとき衆議院は、「御稜威《みいつ》（天皇の威光の意）」によって戦勝を勝ち取れたと、上奏文で強調します。首相の伊藤博文を中心とする戦争指導は天皇の権威によって正当化されましたが、これ以後、対外戦争の勝利は「御陵威」の言葉が繰り返し使われるようになります。開戦当初に不満を表明した天皇も、権威的天皇という自分の役割を受け入れるようになったようです。

日清戦をへて、政府と軍部は大元帥としての天皇を、軍事的栄光で飾ることに努めた。それは次なる戦争へのステップであった。

ロシアの主導により遼東半島を返還

日本陸軍の創設者で「皇軍」の強化に努めた山県有朋は一八九五年（明治二十八年）四月、陸軍相として日清戦争に勝利した余勢にのって「軍備拡充意見書」を上奏する。東洋の盟主となるには利益線（朝鮮）のさらなる拡張をはかる必要がある、しかし現在の兵備では足りない――として軍事費の増額を求めた。遼東半島や台湾を得たことで、山県は勢いづいていた。

ところがロシア・ドイツ・フランスの「三国干渉」により、遼東半島を清に返還せよと迫られる。日本の遼東半島領有は「東洋平和に害あり」と、日本の覇権主義を警戒するロシアが主導した。

このとき外相の陸奥宗光は、回顧録によれば〈養痾《ようあ》のため暫く暇を賜り播州舞子に休沐《きゅうもく》しおれ〉ていた。肺の病だった。陸奥はロシア艦隊が東洋に集合している現実を前に、〈さればこの際我が政府の措置如何は実に国家の安危栄辱の上に重大なる関繋《かんけい》を有する〉と考えていた。首相の伊藤博文は広島で御前会議を開いたあと、蔵相の松方正義と内相の野村靖を伴って、舞子に陸奥を訪ねる。陸奥は回顧録にこう書いている。

〈伊藤総理は、この際予めその結果如何を推究せずして卒然三大強国の勧告を拒絶するは事すこぶる無謀ならずや、かつ露国が昨年以来の挙動は今更にその底意の浅深を探るまでもなく甚だ明白なることとなり、しかるに殊更に我よりこれを挑撥して彼らに適応の口実を与うるはその危険甚だ多く、いわんや危機まさに機微の際に暴発せんとするに臨み、いわゆる外交上一転の策もまたこれを講ずるの余地なかるべきにおいてをや、と余の説を論《ろん》駁《ばく》し、松方、野村の両大臣もまた均しく伊藤総理の諭旨に左袒《さたん》したり。(中略)広島御前会議において既に方今の形勢新たに敵国を増加すること得計に非ずと決定したる上は、露、独、仏三国にして、その干渉を極度まで進行し来るべきものとせば、とにかく我は彼らの勧告の全部もしくは一部を承諾せざるを得ざるは自然の結果なるべし〉(『蹇蹇録』)

陸奥は伊藤と面談するまで〈皇上の御批准さえ既に済みたる条約中主要の一部を烏有《うゆう》に帰せしむるが如き譲歩なすにおいては〉と苦慮をにじませているが、天皇は冷静だったようである。

岩井さんによると、四月二十四日に天皇は佐々木高行に、次のように語ったという。ちなみに佐々木は旧土佐藩士で維新後は参議を経て、宮中顧問官、枢密顧問官を歴任している。皇太子（大正天皇）の教育に携わるなど、明治天皇の信任が厚かった。

〈昨年開戦当初に於ては軍部と内閣の関係を憂慮せり、兎角軍人は戦争に勇なるも、内閣との間に予め十分の協議を遂げざるべからず、財政問題に関しては殊に然りとす、仮令《たとい》戦争の予測すべからざる場合に至るとも、一旦開戦したる上は断然所要の大軍を進めざるべからざるを以てなり、朕曩《さき》に此の旨を参謀総長熾仁に諭したり、又我が兵の忠勇義烈なるは、各国に其の比類稀なる事なりと雖も、一面賀馭《がぎょ》しがたきの嫌あり、議会は戦役の間内閣と協調を保てりと雖も、戦後は軋轢を生ずること旧の如くなるべし、遼東半島領有の当否に関しては当初より考慮の余地ありたり、聞く所に依れば該地方は収納し得る所極めて少く、以て到底其の行政・国防等の費用に供するに足らず、其の経費は悉く我国より支出せざるべからず、或は台湾より得る所の利益を以て遼東半島の経営に充てんと説く者あれども、今日直に利益を台湾の生産に望むこと能はず、況んや仮令利益の生ずるありとも、台湾に投ずべき費用亦夥多《かた》なるべきに於てをやと〉（津田茂麿著『明治聖上と臣高行』）

三国干渉を受けて、日本は遼東半島の領有をあきらめ、清国に返還する見返りに三千万両を要求した。日本は賠償金を含めて、計二億三千万両の償金を得ている。

清国の分割について――日本が清国から受け取ったばく大な償金（当時の日本財政で一年の経常費の約三倍に当たる）を支払う国力は、当時の清政府にありませんでした。この償金はロシア、フランス、イギリス、ドイツからの借金によってまかなわれます。当然のこととして、鉄道敷設権や鉱山などが担保として提供されました。こうして日清戦争は、欧州列強の清国分割の勢いを強める結果となったのです。一八九六年（明治二十九年）から一八九九年にかけて、ドイツは膠州湾を、ロシアは遼東半島、フランスは広州湾、イギリスは威海衛と九龍半島を、それぞれ清から租借しました。このときロシアに対する日本の反感が高まったのは、返還させられた遼東半島内の旅順と大連を租借地にし、さらに鉄道の敷設権を獲得したからです。この結果、明治政府と軍部は、「臥《が》薪《しん》嘗《しょう》胆《たん》」を国是としました。国内世論を統一して、軍国体制を強化する狙いがあったからです。

このとき軍部がロシアへの報復戦を念頭においていたのはいうまでもない。外征に向けて、軍隊はより増強されていくのだった。

ロシアを仮想敵国に軍備拡張

ロシアを仮想敵国にしてから「臥薪嘗胆」を掲げて、国策としての軍備拡張は勢いを増した。陸軍相として山県有朋が上奏した「軍備拡充意見書」にこうある。

〈従来の軍備は専ら主権線の維持を以て本としたるものなり、然れども今回の戦勝をして其の効を空うせしめず、進んで東洋の盟主とならんと欲せば、必ずや又利益線の開張を計らざる可からざるなり。然り而《しこう》して現在の兵備は以て今後の主権線を維持するに足らず、何ぞ又其の利益線を開張して東洋に覇たるに足るべけんや〉

山県は持論である利益線（朝鮮）の開張を訴え、そのためには軍備の増強が必要だと強調してやまなかった。

〈戦争直後の第九議会（一八九五年一二月から九六年三月）で、一八九六年（明治二九年）度から、陸海軍とも、対露戦争に備えた大規模な軍備拡張計画を実施することが可決された。陸軍では、第七から第一二までの六個師団および騎兵二旅団、砲兵二旅団を新設する計画であった。（中略）海軍の場合も、戦後はじめて世界一線級の軍艦を備えようとする大規模な拡張計画をたてた。日清戦争の勝利で、清国軍艦鎮遠以下一一隻を手に入れ、このほか戦時中に購入した富士、八島の二戦艦があったが、これではとうてい西欧一流海軍に伍しているロシア艦隊との均衡がとれないので、日清戦争後の一八九六年（明治二九年）度から、大小艦艇三九隻を建造しようとする第一期拡張計画をたて、陸軍拡張案と同じく第九議会で可決された〉（藤原彰著『日本軍事史上巻』）

空前の軍事費は大増税と切り離せない。これ以上の負担には耐え難いと訴える納税者の声に、在野党が応えた。対抗的な関係にあった大隈重信の率いる進歩党と板垣退助の自由党が合流して、憲政党を結成する。衆議院の絶対多数を占める大政党になった。

第三次伊藤博文内閣は一八九六年六月、増税案を議会に諮るが、憲政党の反対にあって否決された。伊藤はやむなく内閣の総辞職を決断する。

後継内閣の混迷について――伊藤が辞職の強い決意を表明しても、難局を乗り切る自信がないので、誰も火中の栗を拾おうとはしません。結局、天皇出席のもとで開かれる、最高の国策決定機関である御前会議に持ち越されます。内閣崩壊を受けた御前会議は、元老たちの論争の場となり、〈衆議決せず〉の有り様です。天皇は伊藤に説得を試みますが、伊藤は〈重信・退助に此の難局を引受けしむるの可なる〉と上奏しました。

こうして大隈重信が首相、板垣退助が内相となって憲政党内閣が発足します。最初の政党内閣で、世間は「隈板《わいはん》内閣」と呼びました。しかし猟官争いに加えて、山県有朋が腹心の陸軍相と海軍相を内閣に留任させたこともあり、わずか四カ月で崩壊します。

このあと一八九九年に第二次山県内閣が誕生しました。再び首相になった山県有朋は、まったくもって立憲政治を尊重せず、まさに目的のためには手段を選びませんでした。軍隊の増強を図るために、山県は強い決意で増税に取り組みます。第三次伊藤博文内閣が提出した地租増徴案を否決に追い込んだ憲政党（旧自由党）の抱き込み工作は露骨でした。第二次山県内閣は藩閥の手勢でしたが、予算の通過だけは議会の承認を必要とします。地租増徴案を通すため、憲政党との間に将来の提携をにおわせるなどし、さらには議員にカネをばらまきました。その工作資金のうち九十八万円を皇室財源から使ったことが、原敬の日記にも書かれています。

買収された議員が、議会で約束手形を見せて証言したのだから、山県も顔色を失った。また横浜の海面埋め立て事業に絡む利権をちらつかせて、憲政党の議員を寝返らせたことも後に明らかになっている。

そうしたなかで、断固として増税に反対した議員もいた。その筆頭が貴族院の子爵議員、谷干城だった。谷については既に記したように、「四将軍上奏事件」にみられるように政府批判の姿勢を通している。

土佐藩士の家に生まれた谷は陸軍士官学校の校長を務めた軍人だが、山県と対立して「陸軍反主流派」を貫いていた。岩井さんは谷について「専守防衛を唱える、体制内の反軍国主義者です」と評した。

その谷を会長とする「地租増徴反対同盟」が結成されると、政府は弾圧に乗り出す。反対同士懇親会で谷が開会のあいさつを始めると、臨監の警部から「治安に妨害あり」と大声が飛んだ。こうして演説は中止をくらい、予定していた懇親会は中止命令が出される有り様だった。

それでも谷は貴族院で、軍拡に疑問を呈した。〈島嶼《とうしょ》の国〉にあって〈平時に二十五万の兵を養い、戦時に五十四、五万の兵を置かねばならぬという話に至っては、私は解し得ない〉。だが、軍拡につながる地租増徴法の阻止はできなかった。

第二次山県内閣の強権政策は増税にとどまらず、人事面にも及んだ。

山県有朋の軍事優先制度について――政党内閣の出現をおそれるあまり、首相の山県有朋は二つの重要な対策を、勅令で決めてしまいました。勅令だと議会に諮らずに済むからです。山県はまず文官任用令を改定して、内閣書記官長・法制局長官・各省官房長（後の政務次官）を除き、勅任官には官僚の経歴をもった有資格者しか任用できないようにしました。もう一点は、陸海軍大臣を現役の陸海軍の大将と中将に限るという制度です。文官任用令で政党員を重要官職に就かせないように決め、軍部大臣現役武官制を敷いたのは、政党の軍部介入を阻むためにほかなりません。

山県有朋は軍事を最優先させる手段として、強権をもって人事制度まで改定したのだった。軍事優先の政策は、一八九七年（明治三十年）の軍事費が総歳出の五五・〇六パーセントを占めたことに表れている。

労働組合弾圧の治安警察法

明治維新から三十三年目となる一九〇〇年三月、またもや弾圧法が生まれた。岩井さんは「日清と日露の戦争に挟まれたこの年には、帝国主義体制が成立したと思われる事件や法律の制定がありました。見逃せないのは、第二次山県有朋内閣のもとで制定された治安警察法です」と指摘する。山県は自由民権運動を弾圧する保安条例（一八八七年）を施行していたが、この条例では広範な労働運動や社会運動に対応できないとの結論を下した。

治安警察法を制定させた社会状況について――日清戦争後の産業革命で工業生産は伸びたものの、労働者の過酷で悲惨な実態が問題となりました。製糸や紡績工場の〈女工哀史〉にみられる悲惨な労働者の生活が問題になってきたのです。先駆的なジャーナリストは、労働者の社会や都市のスラム街の調査やルポルタージュを続々と発表します。労働運動の創始者の一人として知られる高野房太郎《ふさたろう》が、アメリカでの体験をもとに労働組合期成会を発足させると、各地で労働組合が生まれました。

大都市への地租の重圧から故郷を離れざるをえなくなった人々が集中したこともあり、多くの都市の住民は居住条件の悪化に苦しみます。こうした情勢のもとで社会の矛盾が噴出し、労働運動が注目を集めたのは当然ではないでしょうか。

だから山県有朋は、またまた弾圧法を制定した。集会・結社や言論の自由を制限する治安警察法は、その第十七条で次のように規定する。

【治安警察法　第十七条】（一九二六年（大正十五年）に廃止）
〈左の各号の目的を以て他人に対して暴行、脅迫し若《もしく》は公然誹毀《ひき》（悪口を言って名誉を毀損すること）し、又は第二号の目的を以て他人を誘惑若は煽動すること得ず。
一　労務の条件又は報酬に関し協同の行動を為すべき団結に加入せしめ又は其の加入を妨ぐること。
二　同盟解雇若は同盟罷業を遂行するが為使用者をして労務者を解雇せしめ若は労務に従事ずるの申込を拒絶せしめ又は労務者をして労務を停廃せしめ若は労務者として雇傭するの申込を拒絶せしむること。

三　労務の条件又は報酬に関し相手方の承諾を強いること〉

表面的には労使双方を律するようになっているが、実態は労働者側に限られた。〈ストライキは事実上違法とされることになったわけである〉〈期成会や鉄工組合は、労働運動は本来経済的な問題であるのに、官憲を介入させるのは愚かなことであり、労働運動を過激な政治運動においやることになるだろうと非難したが、治安警察法はだれ一人反対するものもなく議会を通過した。治安警察法は、施行されるとたちまち弱りめの労働組合に打撃を与えた〉（『日本の歴史22』）

そこで、政局である。山県の政治手法を危惧して、伊藤博文が憲政を立て直すべく立ち上がった。一九〇〇年（明治三十三年）九月のことである。

伊藤博文が使った奥の手について——元老の伊藤は憲政党の首脳と相談し、いったん解散してからその勢力を率いて、みずから総裁になり立憲政友会を創設したのです。伊藤はたびたび下野して政党をつくろうとしたのですが、元老や天皇の反対で思いとどまりました。しかし、この時は天皇も伊藤の願いを聞き入れ、政党組織に必要な二万円を与えています。このため世間では〈勅許政党《ちょっきょせいとう》〉と呼びました。また山県は、政党と名のつくものはすべて排斥するほど極端な政党否認主義者ですから、伊藤の立憲政友会にも反対でした。

山県は伊藤新党への抗議をこめて、軍備拡張の予算を組んだうえで総辞職しました。山県から伊藤に投げられた軍拡予算は、衆議院を通過したものの貴族院の反対にあいます。今回も谷干城が貴族院の先頭に立って、軍拡予算に強く反対しました。総じて貴族院は政府の与党のような存在でしたが、山県の組んだ政府提出の予算には反対しています。元老たちの調停も効果がなく、衆議院でたびたびみられた停会(政府が天皇の名で命じる)が、はじめて貴族院に命じられました。しかし貴族院に変化は見られず、伊藤は〈七重の膝を八重に折って〉予算通過を懇願しますが成功に至りません。

万策尽きた伊藤はまたもや奥の手を使って天皇に頼みこみ、貴族院に対して勅語を出してもらいました。一九〇一年三月十二日のことで、天皇の勅語に次の一文が見られます。

〈今に於て必要の軍費を支弁し竝《ならび》に財政を堅固にするの経画を立つるは誠に国家の

急務に属す。（中略）速《すみや》かに廟謨《びょうぼ》を翼賛し国家をして他日の憾《うらみ》を遺さざらしめんことを望む〉

貴族院議長だった近衛篤麿《あつまろ》は、その日記に〈唯長大息あるのみ〉と書いています。谷たちにしても、伊藤のやり方に憤懣をいだきました。言論が肝心なところで封じられたも同然です。しかし、天皇の勅語は大日本帝国憲法下で絶対の権威を持っていたので、貴族院は勅語を奉体する旨の奉答文をささげました。勅語が予算論議の中心を軍費としたのは、まさにつぼを押さえたもので、こうして貴族院も骨抜きにされたのです。

この年の五月に社会民主党が結成されたものの、なんと届出の翌日には結社禁止処分を受けている。党の基礎的綱領に〈軍備廃止〉〈土地・資本・交通機関の公有〉〈財富分配の公平〉などが見られ、実行的綱領は〈普通選挙法・貴族院廃止〉〈治安警察法廃止〉〈新聞条例廃止〉などだった。

日清戦争に勝利し、さらにロシア戦を念頭においてから政府と軍部は、反対運動の封じ込めにやっきになる。明治改元から三十年を経て、軍国の影は色濃くなるばかりだった。

第五章　日露戦争と韓国併合

1　閔妃惨殺と義和団事件

「電信と駐兵」の問題を一挙解決へ

日本による朝鮮の王宮占拠事件（一八九四年七月）は、清国との戦端を開く口実を得る目的で仕組まれた。陸奥宗光外相の指示を受けた大鳥圭介公使の主導により、陸軍の兵士らが王宮を占拠したうえで、大院君に圧力をかけて〈清軍を駆逐するために援助を与えんことを依頼〉させている。

わずか一年三カ月後の一八九五年十月八日に企てたのが、閔妃（明成皇后）の殺害事件だった。朝鮮王朝の閔妃は、日本公使だった三浦梧楼が首謀者となり、日本軍の兵士や壮士（大陸浪人）によって惨殺された。王宮に押し入って王妃を殺害するのだから、やはり前代未聞にちがいない。だが、一年前に王宮占拠事件のあったことを想起すると、さもありなんの結論に至る。

奇しくも三浦梧楼といえば、「四将軍上奏事件」の中心人物として記述済みである。長州藩の奇兵隊出身だが、ドイツ式の軍隊を志向する山県有朋に異を唱えた反主流派だった。谷干城ら三人の中将が加わった「四将軍上奏事件」で、三浦は予備役に編入され、その後は軍職を離れて学習院院長や宮中顧問官などに就いていた。

大物外交官ぞろいの歴代駐朝・韓公使のなかで、自ら「我輩は外交の事は素人である。不得手である」と、三浦は著書『観樹将軍回顧録』で吐露している。それでも三浦を起用したのは、閔妃殺害を成し遂げる目的があったからだろう。

当時の朝鮮の実情について――日清戦争によって、朝鮮は清国の宗属国ではなく、表向きには「独立自主の国」となりました。日清講和条約（下関条約）の第一条に〈清国ハ朝鮮国ノ完全無欠ナル独立自主の国タルコトヲ確認ス〉と明記しています。日本が日清戦争を始めたのは、朝鮮に影響力をもつ清国を追い出し、代わりに日本が朝鮮を独占するというのが真の目的でした。日清戦争を仕掛けるため、陸軍と図って王宮占拠事件を仕上げた公使の大鳥圭介は、その「任務」を終えて十月に帰国します。

後任の朝鮮国駐剳《ちゅうさつ》特命全権公使は、元勲の井上馨でした。井上は長州出身で、幕末にはイギリス公使館焼き打ち事件に加わっています。壬午軍乱後に締結された済物浦条約など、朝鮮にかかわる重要な案件を処理した実績が認められたのでしょう。

朝鮮に渡った井上は、実権を握っていた閔妃を政治から遠ざけ、日本に有利な内政改革を強要します。この段階ですでに朝鮮は、自主的な独立国ではなくなっていました。井上の計画した朝鮮改革は、ロシアが主導した三国干渉によって崩れ去ります。閔氏一族はロシアに接近して、その後ろ盾を得て権力の奪還を図りました。親露派の台頭に焦る日本政府は、井上を更迭して三浦梧楼に白羽の矢を立てたのです。

三浦は著書で、閔妃について〈実質上の朝鮮国王はこの王妃だといってもよいのである〉

と述べ、次のように書いている。

〈こういう才智ある王妃だ。井上から政治に容喙《ようかい》することを厳禁されたが、井上が始終宮中に出て指図するうち、何とかその干渉を緩めようと計り、とうとう井上を口説き落として、また政治上の口を利くようになった。独り馬鹿を見たのが大院君である。それにはまた裏にロシアの公使が付いている。日本はただ表から行くばかりであるが、向うは裏から行く。公使ばかりではない。公使の細君が始終宮廷に出入りして、王妃を操る〉

三浦は一八九五年（明治二十八年）九月一日に漢城（現ソウル）に入った。井上は九月二十一日に帰国するが、その二週間後の十月八日に閔妃殺害事件が起きている。このことからも三浦の「任務」が何であったか、おのずと察せられる。

では、誰が三浦を朝鮮に送りこんだのか――。私が注目したのは、金文子著『朝鮮王妃殺害と日本人』の分析である。著者は井上馨の更迭に目を向ける。井上の外相宛て「意見書」に「電信ノ事」があった。

〈井上は、ソウル・義州間の電信線を日本が清国より獲得した戦利品とする見解を否定して朝鮮に返還すべきものとした。また、ソウル・釜山及びソウル・仁川に日本軍が敷設した電線も、日本が引き続き管理しようとすれば、電線保護兵も置かなければならず、他国に干渉の口実を与えることになるから、この際すべて朝鮮に寄贈すれば、管理に必要な技術者などを日本に求めるように裏から斡旋することができると主張した〉

井上にしてみれば、閔妃をロシアに接近させまいとして、三百万円の寄付金や電信線の返還を提案したのだろう。三浦の回顧録によると、閔妃が井上を口説き落としたということかもしれない。

いずれにせよ井上の意見書に対して、軍部は真っ向から反対する。大本営兵站総監で参謀次長の川上操六は、三国干渉後も電信線を日本軍の手に確保しておくことを、何より重要視していた。だから川上操六は、軍用電線の守備にあたっていた後備諸隊を帰国させて解隊のうえ、代わりに常備軍を派遣する目算だった。

〈朝鮮における電信線は日本軍が朝鮮領内に敷設したものである、また清国からの戦利品であると、その所有権を主張していたが、朝鮮人民の抗日闘争はその電信線の切断に向かったから、日本は電信線を守るために引き続き軍隊を駐屯させねばならなかった。国際的監視の目が朝鮮に注がれるなかで、日本への抵抗を強め、王権回復に意欲をもつ朝鮮国王と王妃はもちろんのこと、心ある朝鮮政府要人が、電信線の返還と日本軍の撤兵を要求するのは当然のことであったからである〉(『朝鮮王妃殺害と日本人』)

日清戦争では、軍部にとって電信線が重要だった。金氏によると、日本は清国への宣戦布告に先立って、戦場となる朝鮮および中国東北部から日本への電信線と電信局の確保に努めた。電信線の確保とその守備に当たる常備軍の派遣が、大本営と陸軍にとって重要な案件だった、と指摘する金氏の見方は的を射ているのではなかろうか。無線通信ができるようになったのは、日露戦争以後である。

そこで武断的な手腕を見込まれた三浦梧楼の登場となるのだが、川上操六と三浦は共にヨーロッパを軍事視察するなど気心が知れていた。金氏はこう指摘する。

〈三浦梧楼全権公使に課せられた任務は、電信線の返還と日本軍の撤兵を強く望む国王と王妃に大本営の方針を承諾させ、実行することであった。そして、このことこそ、大本営が井上馨を更迭して三浦梧楼を新公使として送り込んだ理由であったと思われる〉

山県有朋が主張したように、朝鮮を日本の「利益線」として確保することが軍部の命題であった。目的のためには手段を選ばない――軍部の理論がまかり通っていたとみられる。

「弥縫は根本の解決ではない」

朝鮮国駐剳特命全権公使の顔を持つ三浦梧楼の陰謀は、大院君の指示によるクーデターを擬装して閔妃を殺害することだった。王宮占拠事件では、大院君を脅して一筆取っているが、三浦は同様に大院君を利用しようとした。

〈三浦の初めの計画は、閔妃の勢力増強に憤懣やるかたない思いであろう大院君に蹶起《けっき》をうながし、これも閔妃勢力に爆発寸前の不満を抱く訓練隊と結びつけて、訓練隊が大院君を担いでクーデターを決行した——とするものであった。これなら日本側は裏面工作をやるだけで、表面はあくまでも〝朝鮮人間で起こった事件〟として対処できるはずであった〉(角田房子著『閔妃暗殺』)

ここに出てくる訓練隊について、三浦は著書『観樹将軍回顧録』に書いている。

〈日清戦役後、日本の将校を入れた訓練隊というものが出来た。朝鮮としてはこれが訓練された唯一の兵隊であった、それが一大隊ある。かなり規則立ったものが出来た。これが日本の将校に薫陶せられて、自然と日本に因《ちな》みが深くなる。時の内閣もこれに縋《すが》ろうと

いうのであるが、これが王室の非常な邪魔になった〉
閔妃の一派は、訓練隊を解散にもっていきたかったようで、三浦は閔妃の使いから、巡検と訓練隊が喧嘩をして困るので取りはからってほしい、と懇願されている。事実関係が薄いと判じてその旨を伝えるも、閔妃はついには訓練隊の武器を取り上げたいと申し出てきた。三浦が閔妃からの使者に「相成らぬ」と一喝すると、彼は一等書記官の杉村濬のもとに転がり込んだ。理由を訊ねる杉村に、三浦はこう応えた。
〈「いやこの間から毎日巡検と訓練隊と喧嘩するなどと言って来る。今も訓練隊の武器を取り上げたいと言って来た。訓練隊の武器を取り上げたら、今度は内閣員の馘首《かくしゅ》と来るのはきまっている。目に見えている。君、もうみてはいられぬぞ」と言うと、杉村はさてや何かやるなと思ったらしい〉(『観樹将軍回顧録』)
王宮占拠事件で、大院君を王宮に連れ込んだのが一等書記官の杉村である。その杉村は〈さてや何かやるなと思ったらしい〉が、すでに互いの意思疎通はできていたのではなかろうか。もっとも三浦の決意は、朝鮮に入る前からかたまっていたはずだ。そのことは回顧録でもほのめかしている。
〈今までのごとく弥縫《びほう》(一時的に取り繕う)して行くくらいのことはもとより知っている。

弥縫すれば弥縫出来ないことはない。しかし弥縫はどこまでも弥縫である。根本の解決ではない。こういうやり方では、実に際限がない。仕方がない。たとえ自分の身を焚《や》くも、国権の重きには換えられぬ〉

ここに何度も出てくる「弥縫」は、三浦が赴任する前に司法相の芳川顕正《よしかわあきまさ》が山県有朋と陸奥宗光に出した手紙（六月二十日付）にも出てくる。〈是非共《とも》弥縫策ハ断然抛棄《ほうき》シ決行之方針を採ラルベキ様〉。偶然の一致かもしれないが、私には「弥縫策の放棄」が閔妃惨殺事件の背後に潜んでいるように思えてならない。

さて、三浦梧楼と川上操六である。朝鮮国駐劄特命全権公使と陸軍の参謀次長は直接連絡を取り合っていた。病床にあった外相の陸奥宗光に代わって外相臨時代理に就いていた西園寺公望が「外相を通さないで公使が頭ごなしにやり取りをするのか」と激怒したのも当然だろう。それでも三浦は大本営と密接に意思の疎通を図っていたようで、金文子氏は次のように見立てる。

〈三浦梧楼は、大院君と訓練隊のクーデターを装って王妃を殺害し、親日政権を樹立して、日本政府・軍にとって懸案だった電信問題と駐兵問題を一挙に解決しようとした。その直前に大本営から兵站守備隊の指揮権を委ねられた三浦は、この謀略計画に際し、万一、他国軍隊の干渉があった場合、樹立した親日政権の依頼を受けた形を取って守備隊を出兵させる、ということを想定していたのであろう〉(『朝鮮王妃殺害と日本人』)

三浦が朝鮮内の日本軍を指導動員できる権限を得たのは、閔妃殺害事件を起こす三日前の十月五日であり、十月十日に決行する予定を組んでいた。『閔妃暗殺』によると、十月七日朝に訓練隊の第二隊長が公使館に駆け込んできて、国王から訓練隊解散の内示が出たので、日本の圧力で阻止してほしい、と三浦に懇願した。訓練隊が解散されてしまっては、彼らが大院君を担いでクーデターを起こしたという筋書きが成り立たなくなる。

そこで三浦はただちに行動を起こすことに決めた。十日の決行を早めて「八日午前四時」に変更したのである。そして閔妃は惨殺された。享年四十四だった。

三浦の大きな誤算は、アメリカ人の軍事教官やロシア人の建築家らに目撃されたことだろう。三浦は著書で、こう述べている。

〈さあ、ロシアの公使が来る。アメリカの代理公使が来る〉〈向こうは主動的、この方は受動的。全く受け身である。どう来るかと思っている。「実に意外なる椿事《ちんじ》で、日本人がこれこれである。今途中でも見た。抜刀《ばっとう》をしてこういう有り様であった。この騒動は確かに日本に関係がある」と恐ろしく切り込んで来た〉

だが、三浦は詭弁《きべん》を弄《ろう》してはねのける。

〈なるほどこの事件のうちには、日本人がいたであろうが、これが果たしてことごとく日本人であったか否かということは、これから調査を遂げた上でなくては分からぬ。朝鮮人であっても、人に侮られるというところから、殊更に日本人の風をすることもある。したがって日本の刀を使うこともやる。それ故このうちに真実の日本人が何ほどおったか、また贋者《にせもの》が何ほどおったか、これはこれから調査せねばならぬ。ただ日本の風をして日本の刀を持っておったから、それで日本人というのは速断である。しかしこれは自分の責任である。何も貴下方からご質問を受くべき筋合のものではない〉(『観樹将軍回顧録』)

それでも三浦の誤算は続いた。閔妃が殺害されて七日後、朝鮮を訪問中の米国『ニューヨーク・ヘラルド』紙の記者によって、この事件は世界にむけて報じられた。厳しく非難された日本政府の対応について、大谷正著『日清戦争』は次のように記している。

〈日本政府は関係者を召還し、三浦公使以下四九名の民間人は広島地方裁判所の予審に、軍人八名は第五師団軍法会議に付された。しかし、一八九六年一月、軍法会議は八人を全員無罪とし、地裁の予審は三浦らの事件関与を認めたものの、殺害時の状況が不明のため証拠不十分として全員を免訴した。また、朝鮮では閔妃殺害事件の後で成立した第四次金

弘集内閣の下で裁判が行われ、李調会ら三名が処刑されて幕引きが図られた〉

一方、朝鮮側の対応について、朴宗根著『日清戦争と朝鮮』はこう書き留めた。

〈皇后が虐殺されたのであるから、朝鮮政府はまず何よりも、緊急に犯人捜査に取りかからなければならなかったにもかかわらず、そうはならなかった。何故なら、犯人が日本人であるため治外法権によって朝鮮政府は日本人の容疑者を取り調べることが不可能であり、つぎに、この第四次金弘集政権自体が日本の武力によって成立し、従属させられていたので、日本を追及することは不可能であった。そこで苦しさまぎれに閔妃の廃后処分をした。この処分は、被害者の非を鳴らすことによって加害者の責任をうやむやにする策略であった。具体的には、金弘集政権の責任回避策であると同時に、日本の関係者をかばうところに重要な意味をもっていた〉

かくして首謀者の三浦梧楼は、〈まるまる九十日経つと、無罪放免と来た〉というわけで、こう語るのだった。〈監獄から出ると、あの辺の有志者の歓迎会に招かれた。それから汽車で帰ったが、沿道至る処、多人数群集して、万歳万歳の声を浴び掛けるような事であった〉〈伊藤であろうが井上であろうが山県にしたとこが、我輩が好んで往ったのではない。無理にやったことはよく知っている。事が済んでみれば、どこまでもそれは気の毒だとい

うことであった〉

だが三浦は、回顧録に事件の詳細を書いていない。〈我輩の行為は是か非か。ただ天が照臨ましますであろう〉とかわした。ただし大院君の関与については、次の記述にあるように否定している。

〈東京に着いたその晩、早速米田侍従が訪ねて来た。我輩はまず、「お上には大変御心配遊ばしたことであろう。誠に相済まぬことであった」と挨拶すると、「今夜おたずねしたのは、他でもない。これには何か特約でもあったことか、それを聞いて来いと申すことで、それでお訪ねした」とのことである。我輩はこれに対して、「いや大院君とは約束も何もない。最初井上から、大院君と王妃とは決して政治上に喙《くちばし》を容れてはならぬということにして、書付まで取っておる。（中略）あの事件の起った朝、自分は大院君に会って、もともとこういう関係になっておるから、殿下は政治上に容喙することはなりませんぞと戒めた。大院君も、李家を救うてくれるということなら何よりも有り難い。決して政治上に関係せんから安心してくれということであった。一言半句《いちごんはんく》も理屈はない。ただ自分の言いなり次第になったわけで、約束も何もない」〉（『観樹将軍回顧録』）

被告の外交官・杉村濬は王宮占拠事件に関与した経験を踏まえて、三浦らが無罪になるのは当然だと、事件を審理した広島地裁で陳述している。

〈杉村濬元書記官は、予審の陳述で、朝鮮内政改革は「尋常の手段」では不可能であることは日本政府も知っており、軍事クーデター計画は政府により「黙認せられたることと推測」して実行した、という。なぜなら、前年の王宮占領を政府は「是認」しており、それにくらべて「其の手段は遙《はるか》に……穏和なりし」今回の計画を、三浦公使が前例にならっておこなったのだから罰せられる理由がない、と述べている〉(『韓国併合』)

歴史家の大江志乃夫氏は『閔妃暗殺』の解説で、政府を厳しく糺した。

〈日本政府がこの事件の犯人たちを処罰しなかったことが、のちに一九二八年、日本が公式に承認していた中国の北京政府の大元帥(元首)張作霖《ちょうさくりん》を、出先の関東軍が軍司令官以下の謀議によって列車ごと爆殺した事件の誘因になった、とさえいえる。そして、閔妃暗殺事件は日露戦争の引き鉄《がね》となり、張作霖爆殺事件は直接には満州事変、したがってその後の日中戦争からアジア・太平洋戦争へと拡大する戦争の起点となった〉

日本政府の姿勢が問われたのはいうまでもない。加えて私には、三浦梧楼を迎えた沿道の市民が万歳を叫ぶ光景が脳裡に映し出される。外征軍のあった時代に刻まれた「負の歴史」の責任の一端は、メディアはもとより国民の一人一人にもあるのではないかと思わずにはいられない。
ところで国王は一八九七年（明治三十年）十月、国号を大韓帝国（韓国）と改める。日清講和条約で「独立自主の国」であったはずの朝鮮だが、他国との対等関係を確立するために、国王は即位式をあげて皇帝と称した。

朝鮮政策の失敗について――日清戦争の勝利にもかかわらず、日本政府の目論んだ朝鮮政策は、ほとんど失敗に終わりました。三国干渉に始まり、閔妃殺害、さらには親露内閣の出現によって朝鮮国王のロシア公使館への移転（露館播遷《はせん》）などがそうです。国王はロシア公使館に逃れて、そこから政務を指揮しますが、一連の経緯からみて、国王も日本から生命を奪われる危機を感じとったはずです。だから緊急避難的に、安全なロシア公使館に移ったことは、やむを得なかったと言えるでしょう。朝鮮支配を狙って起こした日清戦争は、かえってロシアが朝鮮への影響力を強める結果となりました。

それでも日本政府と軍部は、韓国を独占支配する野心を持ち続けた。

2　日露対立とポーツマス条約

「扶清滅洋」と義和団の乱

日本が仕掛けた日清戦争は、欧州列強による清国分割の勢いを強める結果となった。租借地の名目で、ロシア、ドイツ、イギリス、フランスが入ってきた。ことにロシアは満州利権を獲得していた。東清鉄道の敷設権と沿線地帯の管理権も手に入れている。このような情勢を認識した清国の李鴻章は、イギリスよりもロシアに接近するのだった。

ロシアと清国について——清国の李鴻章は、さしあたって最も危険な勢力は日本だと思い定めたのです。それで李は日清戦争の翌年（一八九六年）、モスクワでロシアのロバノフ外相、ウイッテ蔵相らと露清秘密協定を結びました。日本の侵略に対する共同防衛、そのためのロシア軍艦の清国港湾への自由碇泊、さらにはロシア軍を輸送するシベリア鉄道の支線が清国領内を通過できるようにして、ウラジオストクまで通じる鉄道建設——などが主な内容です。李としては中国古来の〈夷を以て夷を制する〉の政策で、ロシアを利用して日本の侵略をくい止める考えでした。このような李の方針に対して清国内部から、ロシアの南下政策を助長するのではないかと反対意見が高まったのも事実です。いずれにせよ日本にとって、ロシアが軍事的脅威となったのはこの時からでしょう。その原因は多分に、日本みずからがつくりだしたと言わざるを得ません。

そこへもってきて清国内で内乱が起きる。一九〇〇年（明治三十三年）、義和団を名乗る信仰集団が農民と団結して暴動に出た。やがて反乱は「扶清滅洋《ふしんめつよう》」を掲げて欧米帝国主義の打倒を目指すようになり、各地で攻撃を繰り返した。義和団の暴動は六月になると北京にまで広がり、公使館や領事館も攻撃され、外国人が孤立するようになった。

このため日本やイギリス、アメリカ、ロシアなど八カ国は居留民保護の名目で軍隊の派遣を決める。一方、清朝の保守派で知られた西太后《せいたいごう》は、義和団を利用する意図があったので動かなかった。

〈北京でもこのころ各国の護衛兵と義和団との衝突が見られるようになるが、清国官兵はこれを傍観しているだけであった。ところが六月中旬、業を煮やした外国軍艦が大沽の清国砲台を砲撃し、日本兵が先頭にたってこれを占領すると、清朝の態度は急速に硬化した。義和団を積極的に利用し、国民を鼓舞し、国をあげて侵略諸外国と戦う決意をかため、突如、開戦の詔を発したのである〉(『日本の歴史22』)

だが、清国は決して一枚岩ではなく、山東省の巡撫(地方長官)袁世凱や揚子江以南の洋務派官僚は開戦命令を受けつけなかった。むしろ袁世凱は義和団の弾圧に回っている。

日本政府はイギリスの要請を受けて、七月初めに出兵した。

八カ国の連合軍は七月十四日に天津を攻略し、八月十四日には北京に攻撃をかけて公使館員の救出に成功した。西太后は西安に逃れるが、連合軍は武力で義和団を鎮圧する。岩井さんによると、義和団事件での連合軍の出動数は約三万三千人(事件沈静後に現地に到着した兵力を入れると四万七千人）で、うち日本は二万二千人でロシアが六千人だった。

最大数の派兵について――日本軍が連合軍の主力だったのは、中国に入るのにもっとも便利な地理的位置にあったことと、列国にしても日本の軍事力をあてにせざるを得ない事情がありました。とくにイギリスは南アフリカでのボーア戦争にてこずり、インド支配にも兵力を裂かねばならなかったので、中国に多大の利権をもつにもかかわらず十分の兵力を送れません。またアメリカはフィリピンの反米独立運動に直面していました。ドイツやフランスにしても中国まで兵を出すには日数がかかります。こうして日本軍が中心になり、次いでロシア軍が多くの兵士を送り出したのです。

八カ国の連合国軍により義和団事件は鎮圧されましたが、清国は開戦の詔を出したことから賠償責任を免れません。翌年の九月、連合国と清国は講和のテーブルに着き、北京議定書が締結されました。

この北京議定書で清国は、連合国軍の北京・天津地域への駐屯権を認めさせられたうえ、各国の外交官や居留民の殺害などの被害に対して謝罪し、関係者の処刑と総額四億五千万両の賠償金の支払いを約束させられます。日本も三千四百七十九万両の賠償金を得ました。

日清戦争に加えて、また賠償金の支払いを課せられた清国の財政は困難を極める。そのうえ外国軍の駐屯により半植民地の状態に陥った。

「日英同盟」と「日露協商」

義和団事件（北清事変）に参戦した日本など七カ国は主力部隊を撤兵させたが、ロシア軍は満州（中国東北部）の占領を続けた。清をめぐって列強は探り合っていた。

列強の思惑について――ロシアは一八九一年（明治二十四年）にフランスからの借款を得てシベリア鉄道の建設に取りかかります。当初は日本国内でも、軍事面の心配をかかえる一方で、ヨーロッパへ最短距離で行けるようになるため、シベリア鉄道の完成を望む声が少なくありませんでした。

しかしロシアが清国と協定して、東北部を横断してウラジオストクにつながる東清鉄道の建設に着手したため、軍事的な不安は増します。そのうえロシアは義和団事件後も遼東半島を事実上の占領下に置き、ハルビンから旅順・大連を結ぶ支線の建設も始めました。これでは緊張が高まるわけです。そのシベリア鉄道は単なる鉄道会社ではなく、その付属地一帯の行政と軍事権をもっており、いわば一種の植民地統治機関になっているのです。

ロシアの南下はイギリスにしても、租借地にしている威海衛などの権益が危うくなります。そこでイギリスは、日本の軍事力をロシアの南下に対する牽制、つまり抑止力に使おうと考えたのです。日本は義和団事件の出兵費用をイギリスに援助してもらうなど、良好な関係にあったので、双方から同盟の可能性をさぐる動きがでてきます。

折しも内閣は、伊藤博文から陸相の桂太郎に代わっていた。一九〇一年六月に内閣を組閣した桂太郎は長州出身の陸軍大将で、日清戦争後に軍備拡張を推進した一人だった。長州陸軍閥の中心的な人物で知られ、山県有朋が桂内閣の黒幕とも後見人ともいわれた。

その山県は日英同盟論者で通り、イギリスと同盟関係を結ぶ必要性を「東洋同盟論」（一九〇一年）で説いている。

山県は〈日露両国は早晩一大衝突を見るは勢の免れざる所〉と想定したうえで、〈此の衝突を避け戦争を未然に防ぐの策は、唯だ他の与国の勢援に藉《かり》て彼の南下を抑制する〉べきだと訴えた。山県はロシアへの抑止力として、イギリスとの連携を望んだ。首相の桂太郎はもちろん、外相の小村寿太郎《じゅたろう》も同じ考えだった。

イギリスが日本軍を抑止力に使いたいのと同様に、山県らは日英同盟がロシアの南下に対する抑止力になると考えた。そこで外相の小村は、組閣から三カ月後の九月、駐英公使の林董《はやしただす》に日英交渉を命じている。ロンドン駐在の林は、イギリス外相ランズダウンと話し合いを重ねていった。

実はこの頃、伊藤博文や井上馨は日露協商に向けて対策を練っていた。日本が満州に進出できていない現実を直視したうえで、伊藤らは満州をロシアの、韓国を日本の勢力範囲として、相互に認め合う「満韓交換論」をロシアに提案した。

満韓交換論について——日露交渉のなかで、韓国中立化案、北韓ロシア領・中韓

韓国領・南韓日本領の分割案、北韓中立化案などが、ロシア側から提案されました。しかし、いずれの案も日本側が拒否します。日本はあくまで韓国不可分の考えに立って、満韓交換の主張を譲りません。ロシアは韓国問題だけを切り離して交渉し、日本が満州問題に介入してくることを排除しようとしたのです。

そして年末、ロシアに対日妥協の兆しがあることをつかむと、伊藤博文は訪露を決めた。だが伊藤が妥協点を見出そうとしていたとき、なんと日英同盟（日英同盟協約）が締結される。一九〇二年一月のことだが、伊藤はイギリスがやすやすと同盟を結ぶとは思っていなかった。というのもイギリスは「名誉ある孤立」政策をとり、特定の国との同盟関係を避けていた。しかしロシアが満州を勢力下に置くことは容認できず、この点で日本と利害が一致した。

イギリスが「名誉ある孤立」政策を転換させた日英同盟の内容は――（1）清国・韓国の独立と領土保全を維持するとともに、日本の清韓両国、及びイギリスの清国における政治的・経済的特殊利益を互いに擁護し、（2）もし日英のいずれかが第三国と戦争を始めたときは、他方は厳正中立を守り、（3）さらに二国以上と交戦したときは援助を与え、共同して戦闘にあたるというものであった。（山川出版社『詳説日本史研究』）

ここに出てくる〈第三国〉がロシアをさしているのは、いうまでもない。内村鑑三《かんぞう》は『萬朝報』の紙面に三日続けて「日英同盟に関する所感」（2月17日から19日）を載せた。日英同盟に反対する内村論評の概略を記したい。

〈日本国はその無慈悲のゆえをもって罰せられずには止まない。すでに朝鮮において、遼東において、台湾において大罪悪を犯したる日本国は、今や英国と同盟して罪悪の上に更に罪悪を重ねた。是故に今より五年を経ざる間に之を呪詛《じゅそ》するの声となるに相違ない。余は今日、日英同盟の罪悪なることを明言する、余はこの同盟があるがために、日本は非常な悲境に陥ることを予言するに躊躇しない〉

ロシアは日英同盟に対して露仏声明で対抗するが、一九〇二年四月に清国と露清満州還付条約を結んだ。三回にわけて段階的に満州から撤退して、最終的には清に返還すると約束したのである。ロシア軍の第一次撤兵が実行されると、日英同盟の成果と評価された。

だが、第二次撤兵期限の翌年四月になっても、ロシアは撤兵を実施しなかった。皇帝ニコライ二世が、満州の独占支配を確立するという、強硬姿勢を打ち出したことによる。

高まる開戦モードと天皇の憂慮

ロシアは満州から軍を撤退させないばかりか、韓国の国境にまで触手を伸ばした。鴨緑江や豆満江の林業利権にロシア皇帝の側近が目をつけ、そこに武力援助が絡んだ。鴨緑江の河口にある港・龍巌浦に森林保護の名目で一九〇三年四月に兵を送りこむと、ロシアは韓国政府に迫って租借条約に調印させた。日本や英米の強い抗議もあって、租借条約は破棄されたが、龍巌浦占拠によってロシアへの不信感は強まった。

そして六月十日には、東大教授の戸水寛人《とみずひろんど》ら七人の博士が早期開戦を訴えて、首相の桂太郎に「満州問題に関する意見書」を提出し、『東京朝日新聞』などに発表した。

〈極東の形勢漸く危急に迫り、既往の如く幾回も機会を逸するの余裕を存せず、今日の機会を失えば遂に日清韓をして再び頭を上ぐるの機なからしむるに至るべきこと是なり。(中略)今日満州問題を解決せざれば朝鮮空しかるべく、朝鮮空しければ日本の防禦は得て望むべからず。(中略)姑息の策に甘んじて曠日彌久《こうじつびきゅう》するの弊は、結局自屈の運命をまつものに外ならず。故に曰く。今日の時機に於て最後の決心を以て此大問題を解決せよと〉

大学七博士の意見書が提出された二週間後の六月二十三日、ロシア対策を決める御前会議が開かれた。伊藤博文、井上馨、山県有朋、大山巌、松方正義の元老たちと首相の桂太郎、陸相の寺内正毅《まさたけ》、海相の山本権兵衛《ごんべえ》（公称・ごんのひょうえ）、外相の小村寿太郎の九人が顔をそろえた。

この会議で小村の意見書が採択され、日本の対露基本方針となった。日本がロシアに提案したのは――日本は満州における東清鉄道沿線のロシアの特殊権益を承認し、ロシアは韓国における日本の優位的地位を承認し、互いに清韓両国の領土保全と機会均等を約束するというものだった。ロシアは返答をのばした末に、やっと出してきた対案も、日本にとって不満足な内容だった。

日露交渉のくい違いについて――日本側はシベリア鉄道の輸送事情から考えて、優勢なロシア軍が満州に集中して展開される前に交渉を終結しなければ、以後の交渉は不利になると判断します。一方、ロシア側にすれば、交渉を長引かせたほうが軍事力を満州に大展開できて有利になりますから、妥結を送らせる時間稼ぎが方針でした。

日英同盟の締結で帝国主義国の一角を占めるようになった日本は、「帝国の威信」を背負って、韓国での権益を求めていきます。対してロシアは「韓国領土の軍事利用の禁止」と「中立緩衝地帯の設定」を主張しました。日露間の利害の対立が克服されることはなく、日本国内の世論も強硬になるばかりでした。

年が明けた一九〇四年一月十二日に御前会議が開かれ、ロシアに再考を求めるが、回答を遅延するか不満足な回答の場合は交渉を打ち切る――とロシアに通告することを決めた。外相の小村寿太郎の方針だが、予想したようにロシアからの返答は得られなかった。こうしてロシアとの開戦は、二月四日に開かれた御前会議で決まった。

日露開戦と明治天皇について――開戦を決めた御前会議に至るまで、たび重なる政府と統帥部の協議、元老会議、御前会議を重ねましたが、この間の天皇の発言は記録されていません。開戦の決まった御前会議後の天皇については、『紀』(宮内庁編『明治天皇紀　第十巻』)に、こう書かれています。

〈午前十時三十分、特に博文を内廷に召して謁を賜ひ、豫《あらかじ》め其の意見を徴し、以て宸断に資せしめたまひしが、議遂に決するや、夕刻内廷に入りたまひて後、左右を顧みて宣はく、今回の戦は朕が志にあらず、語を継ぎて宣はく、事万一蹉跌《さてつ》を生ぜば、朕何を以てか祖宗に謝し、臣民に対するを得んと、忽ち涙潸々《せんせん》として下る、一座為に黙然たり、是れより天皇、宸衷《しんちゅう》を悩ましたまふこと殊に甚だしく、夜々寝に入りたまふも、眠安らかなる能はず〉

御前会議の席で威厳を保った天皇も、内廷に退くと、万一敗戦になったらどうなるのかという不安もあって、落涙を禁じ得なかったのだと思います。

陸軍や海軍にしても、勝算の見込みが十分ではありませんでした。海相の山本権兵衛は、ロシア艦隊を全滅させるには、日本の軍艦も半分は沈められるだろう、と言ったといいます。参謀次長の児玉源太郎（開戦後は満州軍総参謀長）も、六ぺん勝って四へん負けるとなれば、そのうち誰かが調停に出るだろう、という他人任せの発言をしていました。

それでも日本政府と軍部は、帝国主義の手段として武力行使を選んだ。天皇による〈露国に対し宣戦〉の詔勅が出されたのは二月十日だった。

〈朕、茲に露国に対して戦を宣す。朕が陸海軍は、宜く全力を極めて露国と交戦の事に従ふべく〉〈帝国の重を韓国の保全に置くや一日の故に非ず。是れ両国累世の関係に因るのみならず、韓国の存亡は実に帝国安危の繋る所たればなり〉

岩井さんは結んだ。「天皇による宣戦布告があると、たいがいは沈黙します。しかし内村鑑三や幸徳秋水らは、自らの発行する雑誌や新聞で激しい非戦論を展開しました。このように非戦と反侵略を掲げた先覚者のいたことを、忘れてはなりません」

中国を戦場にして、日露の軍隊が激突

日露戦争はまたもや日本軍の奇襲攻撃から始まった。宣戦布告が出される二日前の一九〇四年二月八日、海軍の艦隊は韓国・仁川港で二隻のロシア艦に砲撃を加えた。ロシア軍を朝鮮半島に侵入させないために先手を打った。このあと陸軍が仁川から上陸して、九日には京城に入っている。

一方、海軍の連合艦隊は中国の旅順港を目指した。旅順は遼東半島の先端に位置し、ロシア海軍の主力艦隊が配備されていた。海軍は旅順港沖に碇泊していたロシア艦隊に、や

はり奇襲攻撃をかけた。

日露開戦までの八年間に、政府と軍部は軍事費に国家予算の大半を使って軍艦を建造するなど戦争の準備をしてきた。日清戦争で約十五万人を動員した陸軍は約三十万人に膨れあがり、軍艦の総量は六万トンから二十五万トンに増えている。国民生活は悲惨だったが、「臥薪嘗胆」のスローガンの前に我慢を強いられた。

日露戦争と軍備について——開戦時に陸軍は十三個師団と騎兵二旅団および砲兵二旅団を整えていました。主な兵器は連発歩兵銃で、砲兵は野砲と山砲で統一をみています。発射のたびに照準を見直さずにすむ駐退砲架といった最新の大砲を用意して臨んだのです。海軍は二度にわたる建艦計画で軍艦五十七隻、駆逐艦十九隻、水雷艇七十六隻を中心に合計百五十二隻、二十六万四千六百八十一トンの大艦隊ができあがっていました。

東アジアの兵力数だけでいえば、日本はロシアを圧倒していました。というのもロシアはこの時機に日本が開戦すると予想していなかったのです。ロシア陸軍はヨーロッパの兵力を満州に増援し、兵力が優勢になるのをまって、日本軍を満州北部に引き入れて全滅させる作戦でした。南満州や旅順要塞の戦闘は日本軍を消耗させるはずだから、北部の決戦までに日本軍の兵力をできるだけ減殺しておくという作戦です。よって主要な開戦はいずれも激戦でしたが、兵力では日本が多数だったので、陸軍の野戦は順調に進行しました。

海軍の連合艦隊は、旅順港で新たな作戦に出ます。旅順港のロシア艦隊が黄海付近に出動すれば、陸兵の満州上陸は危険にさらされるため、海軍は閉塞隊を送り込みました。港の入り口に廃船などを沈めて、ロシア艦艇が旅順港から出るのを防ぐ「旅順港閉塞作戦」です。それでもロシア艦隊は、ときどき出動して日本艦隊と海戦をまじえています。

ロシア海軍は日本海軍の閉塞作戦を奇貨として、バルチック艦隊が到着するまで旅順港内に閉じこもることにしたようです。こうなると日本軍としては、バルチック艦隊がやって来る前に旅順を攻略する必要があります。そこで陸軍の第三軍（司令官・乃木希典《のぎまれすけ》大将）が、陸地側つまり背後からロシアの旅順要塞を攻撃することになったのです。しかしロシア軍の集中砲火を浴びて、戦死者が続出しました。

旅順の苦戦を知った歌人の与謝野晶子は、雑誌『明星』(一九〇四年九月号)に「君死にたまふことなかれ」を発表して、従軍中の弟に思いを馳せている。

〈あゝをとうとよ君を泣く　君死にたまふことなかれ　末に生れし君なれば　親のなさけはまさりしも　親は刃をにぎらせて　人を殺せとをしへしや　人を殺して死ねよとて二四までをそだてしや(中略)暖簾のかげに伏して泣く　あえかに若き新妻を　君わするるや思へるや　十月も添はでわかれたる　少女ごころを思ひみよ　この世ひとりの君ならであゝまた誰をたのむべき　君死にたまふことなかれ〉(『詳説日本史研究』)

晶子は弟の無事を祈り、戦争への疑問をこめて「君死にたまふことなかれ」の詩を発表した。〈旅順の城はほろぶとも　ほろびずとても何事か〉〈すめらみことは戦ひに、おほみづからは出でまさね〉のフレーズに、晶子の強い意志がみられる。

天皇の素顔について——乃木希典大将の率いる第三軍の旅順攻撃が遅々として進まず、白だすき隊と称する決死隊を繰り出しては、何度も突撃と総攻撃を行うが大勢の死傷者を出しました。表面的には戦局の悲報にいささかも動揺しない毅然とした大元帥を演じた明治天皇ですが、侍従に対して、旅順はいつか陥落するに違いないが、あの通り兵を殺しては困った。乃木も宜しいけれども、あゝ兵を殺すようでは実に困るな、ともらしたといいます。公式の場では見せない天皇の素顔でした。

旅順要塞の攻略作戦は乃木に代わって、満州軍総参謀長の児玉源太郎が一時的に指揮をとった。三回にわたる総攻撃の末に、ようやく旅順港を一望できる二〇三高地を確保できると、港内のロシア艦隊を目がけて砲撃を始めた。陥落のめどが立ったのは、攻撃開始から五カ月後の十二月五日のことである。日本軍は延べ十三万人を投入し、うち戦死者は一万五千人、戦傷者は四万四千人にものぼった。

一方、バルチック艦隊は約百五十日に及ぶ航海の末、一九〇五年五月二十七日に日本海の対馬海峡に姿を見せた。戦艦八隻、装甲巡洋艦三隻を中心に組まれた二十九隻からなるバルチック艦隊に対して、日本海軍は戦艦こそ四隻ながら巡洋艦十五隻、駆逐艦二十一隻、水雷艇四十一隻など総計九十九隻と、その戦力はロシアを上回っていた。しかも日本海軍は迎え撃ち作戦をとり、バルチック艦隊の進路をさえぎって一斉砲火を浴びせた。

日本海軍の戦果について――バルチック艦隊は中継基地のないなかで補給もまま

ならず、やっとのことで戦場に到達しました。このため軍艦に必要な整備も不十分で、士気の低下は目にあまったといいます。このため、満を持して迎えた日本の勝利はあまりにも当然でした。ロシア艦隊の壊滅により、日本海軍は制海権を握ります。

一方、陸軍は遼陽会戦に続く奉天（現在の瀋陽）会戦に臨んだ。一九〇五年三月から日本軍二十五万人、対してロシア軍三十二万が総力を挙げて戦い、日本軍の死傷者は約七万人だった。

海軍に勢いはあったが、陸軍は砲弾不足などから、後退するロシア軍を追撃できかねた。岩井さんは「日本陸軍はロシア領に一歩も入ったわけではなく、最後の決戦に臨むための兵力も装備も兵站も、もはや持ち合わせていなかったのです」と語る。

この実情を知った児玉源太郎は大勢を読んで、これ以上戦うことはできないと判じたのだった。

米大統領の仲介で日露講和条約

対馬沖の日本海海戦でロシアの誇るバルチック艦隊を壊滅させた戦勝に、日本国内がわき立っていたとき、外相の小村寿太郎は五月三十一日に駐米公使の高平小五郎《たかひらこごろう》に訓令して、ルーズベルト米大統領に講和の斡旋を依頼する。満州軍総参謀長の児玉源太郎の説得に、政府首脳が応えたのだった。

一方、ロシアについて『毎日の3世紀上巻』は、こう記している。

〈ロシアもまた〝内なる敵・革命運動〟に対応するために内心では「名誉ある講和」を欲していた。日本の依頼を受けたルーズベルトは6月2日、カシニーに講和を勧告、駐露大使マイヤーを通じて講和勧告の親電をニコライ2世に送った。ニコライは6月7日、マイヤーと会見、「ロシアはまだ領地は失っていない……樺太が攻撃されるまえに和平会談を行うことが重要だ」と述べて、秘密にすることを条件に斡旋を受諾した〉

ロシアの〝内なる敵・革命運動〟は第一次ロシア革命のことで、旅順が陥落した直後の一九〇五年一月二十二日にペテルスブルグで起きた「血の日曜日事件」に始まる。労働者の権利や待遇改善に加えて日露戦争の即時停止などをニコライ二世に請願するため王宮を訪れた労働者の一団に警備兵が発砲して、多数の犠牲者を出したことから「血の日曜日事件」といわれる。

また日本海海戦でバルチック艦隊が全滅した直後の六月、ロシア戦艦ポチョムキンの乗組員が反乱を起こして艦を乗っ取る事件が起きた。海軍の黒海艦隊の反乱はロシアに衝撃を与えたが、一週間にわたって黒海を走った末にルーマニアの港で武装解除された

ロシアの情勢について――国内には厭戦気分が充満しており、動乱は農村での地主焼き打ち、モスクワ総督の暗殺、鉄道ゼネスト、モスクワ蜂起へと発展していきました。ロシア皇帝は国会開設の詔勅を発して人民の宥和をはかる一方で、帝政に忠実な精兵を国内にとどめて治安維持にあたります。

当然のこととして、満州のロシア軍の士気は低下し、ロシアの支配層にも満州北部で日本軍との決戦に挑むよりも、国内の革命を鎮圧するほうが重要だとの考え方が広がります。国外の満州での敗北より、国内で皇帝の権力が倒れるのを防ぐほうが優先されるべきだというのは、当然のことだと思います。だから日本が講和条約

に向けて動き出せたのは、まさに僥倖《ぎょうこう》にほかならず、日本の勝利は偶然でした。

米大統領ルーズベルトの仲介による講和会議は八月十日からボストンの北約五十キロのポーツマスで始まり、日本側は外相の小村寿太郎が全権で臨み、対してロシア側は元蔵相のウイッテだった。

ロシア側は「まだ戦争に負けていない、だから償金を支払うことはロシアの政治的な死を意味する」と強硬だった。交渉の決裂を危惧したルーズベルトは、双方に譲歩を求め、ロシアには領土の割譲を、日本には償金要求の取り下げを勧告する。小村寿太郎は八月二十六日、この旨を政府に伝え、最後の訓令を求めた。

日本政府は二十八日に御前会議を開いた。諸般の状況を検討した結果、満州でロシア軍に対抗するには年度予算だけでも十八億円が必要だった。米英独仏の意向を無視して、借金戦争を続けることはできないと判断し、衆議は「賠償金を放棄して妥結をはかる」で一決する。

ポーツマス条約（日露講和条約）は九月五日に調印された。

主な内容は――（1）韓国に対するいっさいの指導・保護・監督権の承認（2）旅順・

大連の租借権と長春・旅順間の鉄道及びその付属の権利の譲渡（3）北緯五十度以南の樺太の譲渡（4）沿海州とカムチャッカの漁業権の承認などである（『詳説日本史研究』）。

ポーツマス条約について――ロシア側は軍事的敗戦を認めず、償金の支払いと領土割譲を一切拒否するという強硬態度に出ますが、結局、かつて日本領だった樺太（サハリン）の南半分と東清鉄道の長春以南、そして旅順・大連の租借権を譲ることで妥協しました。これでロシアは革命情勢下の本国で皇帝の権威を保つことができ、日本はこれ以上戦って敗戦になることを免れたのです。

ポーツマス条約の見逃せない要点は、日本が韓国の独占支配権を確立したことです。イギリスは清国本土に関心があっても、ロシアが南下しないかぎり、日本の朝鮮支配に異論はありません。またポーツマス条約が成立する一カ月前に、アメリカ陸軍長官タフト（後の大統領）が来日して、密かに桂・タフト協定を結んでいます。日本はアメリカのフィリピン統治を認め、かわりにアメリカは日本の韓国に対する優越的な支配を認めるという、典型的な帝国主義的秘密外交でした。繰り返しますが、ポーツマス講和条約によって、日本の韓国独占支配が確立されたのです。

再び「御稜威《みいつ》」について――支配者たちは成功を誇示しながらも、日本の実力が欧米に及ばないのを知っていました。そこで日本の勝利は、御稜威（天皇の威光の意）によって勝ち取れたと強調します。日清戦争からこの言葉が対外戦争の勝利のたびに定型的に使われ、日露戦争でも踏襲されました。たとえば満州軍総司令官の復命書に――開戦当初の目的を達するを得たるは偏《ひとえ》に陛下の御稜威と将卒の忠勇に依らずんばあらず、として御稜威を強調しています。こうして対外戦争の勝利は大元帥すなわち天皇の絶大な威徳のおかげだという伝説が深く浸透し、それはアジア・太平洋戦争の敗戦に至るまで続きました。

実態を覆い隠して御稜威を掲げては、精神主義を強調する傾向は、日本が戦争を反復するたびに強まっていくのだった。

激怒と失望から日比谷焼き打ち事件

新聞の一面にしては異例の編集だった。『朝日新聞社史　明治編』は〈激越な内容の紙面である〉と振り返っている。一九〇五年（明治三十八年）年九月一日付の『大阪朝日新聞』は一面に、折れた軍刀を前に涙を流すサレコウベの木版画「白骨の涙」が載った。

その一面トップの社説は「天皇陛下に和議の破棄を命じたまはんことを請い奉る」と「閣臣元老の責任を問うて国民に檄す」の二本立てだった。天皇大権による「日露講和条約の破棄」と「戦争の継続」を訴える紙面は、国民の怒りをストレートに反映させていた。

日露戦争の戦没兵士は白骨化したのちに涙を流し、国民は憤慨した——。その理由は、日露講和条約で賠償金が取れなかったことによる。

〈戦争に国民を駆り立てた新聞は、今度は憤怒へと国民を扇動した。大阪朝日は九月一日の一面で講和条約を黒枠で囲み、泣いている骸骨の絵を下に配して「何ぞ国民を愚にするの甚だしきや」と社説で憤激した。大阪毎日は同じ日の社説で「アア死体的講和、よろしくまさに弔旗を掲げ、喪服を着けてこれを迎うべし」とほえた。東京朝日は講和反対の投書を募集し「今後戦争の相起り候とも兵役の召集、国債の募集にも一切応ぜざるを決議いたし候　神奈川県某村民」といった投書で紙面を埋めた。ときの桂（太郎）政権に近かった国民新聞を除くと、ほとんどの新聞が反政府で筆をそろえた〉（鈴木健二著『戦争と新聞』）

日露戦争の戦死者は日本側で約八万四千人といわれ、日清戦争の六倍以上だった。それ

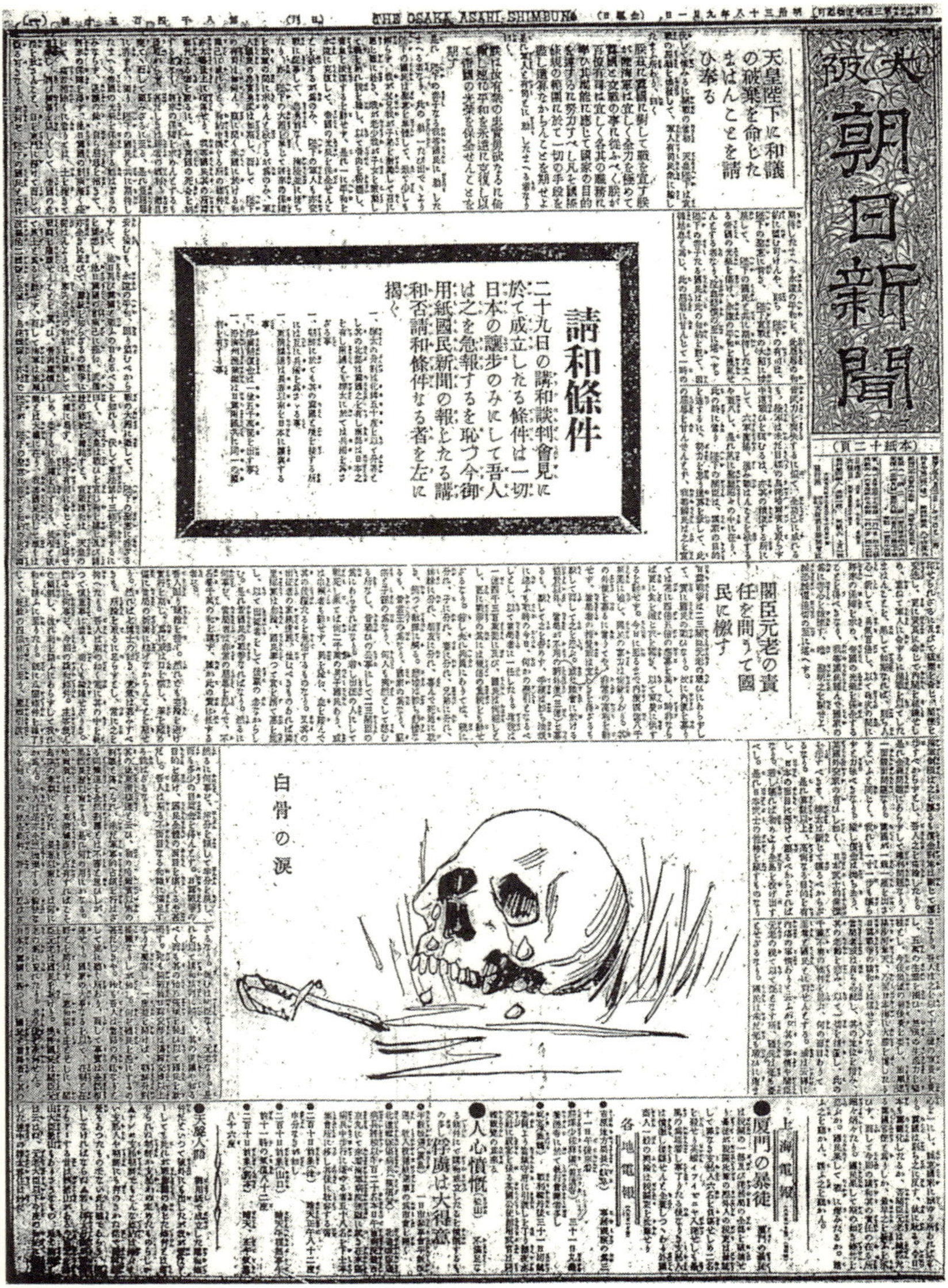

大阪朝日新聞

天皇陛下に和議の破棄を命じたまはんことを請ひ奉る

請和條件

二十九日の講和談判會見に於て成立したる條件は一切日本の讓歩のみにして吾人は之を急報するを恥づ今御用紙國民新聞の報じたる講和否請和條件なる者を左に掲ぐ

閣臣元老の責任を問うて國民に檄す

白骨の涙

上海電報

厦門の暴徒

各地電報

人心憤慨

俘虜は大得意

「白骨の涙」を載せた『大阪朝日新聞』（1905 年 9 月 1 日付紙面から）

でも「反戦」の声は「継戦」の大合唱に埋もれた。戦勝気分に浸っていたからだろうか。というのも、戦果が伝えられるたびに各地で、提灯行列や花火など祝勝会が開かれている。多くの国民は、日清戦争を上回る賠償金が入ると期待したに相違ない。たしかに政府と軍部は、日本軍の圧倒的強さを演出し続けた。挙国一致で戦争に勝利すれば、領土と賠償金が得られるという幻想が生まれる土壌はあった。

伊藤博文の後継者に押されていた政友会総裁の西園寺公望《さいおんじきんもち》は『大阪毎日新聞』（九月三日付）に、条約支持の談話を発表する。〈世間なお戦争継続を説くものなきにあらざるも……今後なお戦争を継続するも、その損失多くして得るところ少なきに難しとせず。いま成立せる講和条件について見るに開戦の第一理由たる満韓問題に対しては我が目的を達せりというべく……事すでに往くいたずらにこれを趁《お》うもはたして幾許の利益あらん〉

西園寺談話が新聞に掲載された三日、ポーツマス条約の破棄を求める集会が大阪、栃木、名古屋、呉で、四日には山形、三重、堺、高松などで開かれた。大阪・中之島公会堂の大阪市民大会では約五千人が「戦争継続を期す」ことを決議する。大増税に耐えた国民の激怒と失望は、なんと焼き打ち事件に発展したのだった。

〈警視庁は国民大会委員十数人を逮捕し、日比谷公園を封鎖したが、5日の大会には「来たれ、来たれ、来たれ……血あるものは来たれ、涙あるものは来たれ……恥を知るものは来たれ。来たり集まりていっせいに卑屈醜辱《しゅうじょく》なる講和条約にたいする不満の声を九重の天に掲げよ」（萬朝報）といった呼びかけに応じて数万の民衆が集まり、園内に突入して集会、講和条約否認と、満州軍に「驀然奮進《ばくぜんふんしん》をもって敵軍を粉砕《ふんさい》せんことを熱望す」る決議を採択した。集会はすぐに終わったが、民衆はその足で市中に繰り出し、政府系の国民新聞社を襲撃、内相官邸と警察署や交番を焼き打ちにした。（中略）

政府は軍隊を繰り出して、鎮圧にあたり、翌6日、首都初の戒厳令をしき、緊急勅令によって新聞・雑誌28種の発行を停止した。この騒擾《そうじょう》により東京の交番の8割と13のキリスト教会と電車15台が焼き打ちの被害に会い、民家53軒が消失、17人が死亡、２０００人が負傷した。（中略）かれらは血税と酷税への憤まんを反戦ではなく、償金獲得と膨張主義の継戦へ向けて爆発させたのだ〉（『毎日の3世紀上巻』）

国民の怒りについて、岩井さんは「開戦前から政府や言論機関に対露強硬論をあおられ、戦時の大増税に耐え忍んできただけに、賠償金も取れない講和に国民は不満を爆発させたのです」と指摘する。戦争を主導する軍部にとって、こうした国民の「熱狂」はある意味で勇気づけられたかもしれない。

3　満州の軍政をめぐる攻防

「軍政実施要領」により占領体制を続行

日露講和条約により、ロシアから中国東北地方の権益を譲渡されたが、清国の承認が条件だった。大連や旅順を含む遼東半島の主権は清に属していた。そこで一九〇五年（明治三十八年）十二月、北京で「満州に関する日清条約」を締結する。

この条約で日本政府は、新たな要求を清に認めさせた。東清鉄道（長春～旅順）の延伸、鉄道を警備する日本軍の常駐、沿線鉱山の採掘などだった。鉄道には線路を中心に幅六十メートルの付属地が含まれた。

一帯を関東州と名づけると、陸軍は遼陽に天皇直属の関東総督府を置いた。総督には陸軍大将が就き、二個大隊の満州駐箚師団を統率した。岩井さんは「関東総督府は軍政実施要領を制定して戦時の占領体制を続けたので、諸外国の活動を事実上、排除しました」と語る。

岩井さんの指摘した「軍政実施要領」に次の記述がみられる。

〈軍政執行の基準は専ら軍事上の目的を達成し、我利権を獲得擁護し、居住民の発展を期するに在り〉〈我利権を獲得すべき好機あらば、之を逸することなく、又軍事上の目的達成するに有益なるものは之を断行するを要す〉

ロシアの報復戦も念頭においた〈植林事業〉にも言及しており〈他日、我軍用薪材を得るにある〉と記している。日本軍は軍政を利用して、満州の軍事拠点を固めていった。外交による条約で得た権益以外でも、武力によって維持しようとした。

たとえば日露戦争中に軍用鉄道として敷設した新奉鉄道（新民屯〜奉天）は、条約により清への売渡が決まっていた。だが、陸軍は引き延ばしを図る。ロシア軍の動向を視野に入れてのことだが、現地の軍政官は、軍需品の輸送に必要との報告をあげた。これを受けて政府は、清の抗議に対して、軍用鉄道のため撤兵完了以前に売渡の協議には応じかねる、と回答している。

また清の民間資本が経営していた炭鉱は、占有財産を還付するとの条文に照らして、清から返還を請求された。だが政府は応じずに、憲兵を派遣して採掘にストップをかける。兵力をもって清国人の採掘を禁じるのは条約の規定に反する——と清から強い抗議がなされたのも当然だった。

ことほどに軍政下の満州では、「権力の扶植」を進める軍部が、何かと問題を引き起こした。

〈土地返還請求を、軍事上必要なる理由の下にことごとく斥け、また「戦役当時軍事上ノ必要ヲ名トシ利権拡張ノ主旨ヲ以テ」右等鉄道沿線に日本人の居留を奨励し、闇市場でない各地に多数の日本人を入込ませることに成功し、戦後軍事占領中に、それを「権利」として確実にしようとする現地軍の施策は、中央の対清政策と合致しがたい点が多かったのである〉（栗原健編著『対満蒙政策史の一面』）

占領地に日本人を居留させる施策は、後にロシア国境に満蒙開拓移民団の一部を移住させたことにも重なる。すべては軍事ありきだった。

満州の「軍事占領」に英米から抗議

名門の公家出身で、「最後の元老」で知られる西園寺公望が、首相に就いたのは一九〇六年一月だった。問題の多い対清政策を改善し、確立させる使命を担っていた。このとき西園寺は最大政党の政友会総裁にありながら、閣僚の政友会員は西園寺と内相の原敬、司法相の松田正久の三人だった。

西園寺が首相に就任した直後の三月、英国の駐日大使マクドナルドから、〈西園寺侯爵閣下〉宛の書簡を受け取る。満州の軍事占領に対する強い抗議であった。さらに一週間後、米国のウィルソン代理公使から同様の書簡が届いた。

事態を重視した外相兼任の西園寺は四月、満州に向けて旅立った。岩井さんによると「新聞にも報道させない微行視察」で、表向きは随行の若槻礼次郎《わかつきれいじろう》大蔵次官一行を名乗っていた。大連、旅順、遼陽、奉天、安東をまわり、朝鮮経由で帰国している。目的は軍政の弊害を見極めることにつきた。

このとき韓国統監の伊藤博文も同様の書簡を受け取っていた。伊藤は一時帰国し、西園寺が視察から戻るのを待って五月二十二日、首相官邸で「満州問題に関する協議会」を開いた。陸海相や外相に加えて陸軍参謀総長の児玉源太郎と前海相の山本権兵衛らも出席している。

岩井さんによると、伊藤は——イギリスとアメリカから満州の門戸開放に関する「注意喚起」がなされたことの憂慮を述べ、日露戦争で日本に同情を示してくれた国々を疎遠にしないためにも、軍政の廃止が必要だと提案する。伊藤の提議は、日本の軍政を廃止して地方行政を清国の官憲に一任する、撤兵期限がきたら駐屯軍を戦時組織から平和組織に移すことなどであった。

西園寺は満州視察を踏まえて、伊藤の提案に賛意を表明した。山県有朋や桂太郎、山本権兵衛らも、伊藤の提案を認めると口をそろえた。しかし、児玉源太郎は「現地は、それほど悪しき状態ではない」と反論をまくしたてた。

軍事拠点を確保しておきたいともくろむ陸軍の論理を、児玉源太郎に見ることができる。岩井さんは「児玉参謀総長は受け太刀になりますが、山県が伊藤と陸軍の仲介的な発言をした後に、西園寺の起草した決議文に出席者一同が署名花押《かおう》しました」と語る。

こうして満州軍総司令官の隷下に置かれた「関東総督府」は平時組織となり、軍政署の廃止が決まった。新設の関東都督府は一九〇六年（明治三十九年）八月一日に公布された関東都督府官制により、外務省の監督下に置かれた。しかし、都督には陸軍大将がそのまま横滑りしている。

〈都督は関東州（遼東租借地）を管轄すること、南満州における鉄道路線の保護および取締の事を掌ること、満鉄の業務を監督すること（第二条）を任務としている。また都督には親任で陸軍大将又は陸軍中将が就任することになっており（第三条）、民政部のほかに「陸軍部」を設けて在満軍隊を統率する機能がある（第四条・第十六条）。都督を監督するものは外務大臣と規定せられ（第四条）、軍政および軍人軍属の人事については陸軍大臣、作戦および動員計画については参謀総長、軍隊教育については教育総監の区処を受けることになっている（第六条）。（中略）租借地行政が軍政的性格を有しているのみならず、関東州外、鉄道沿線の保護、取締という観念に対してはきわめて広義に解釈し、警察その他満鉄に委任し難い一切の行政事項を掌握しようという構想を有していたものとみられるのである〉（『対満蒙政策史の一面』）

満州をめぐって、陸軍と外務省の衝突は繰り返される。陸軍は満州を勢力圏とみなし、外務省は主権は清国にあるとの立場だから、常に火種をかかえていた。

軍令の制定で陸海軍が巻き返し

韓国統監の伊藤博文と首相の西園寺公望が結束して、満州の軍政を廃止した翌年のことだった。一九〇七年（明治四十年）二月、児玉源太郎の急逝を受けて陸軍参謀総長に就いた奥保鞏《おくやすたか》と海軍軍令部部長の東郷平八郎《とうごうへいはちろう》は「日本帝国の国防方針」「国防に要する兵力」「帝国軍の用兵綱領」の三件を上奏した。

山県有朋による「国防方針私案」を踏まえたもので、山県は満州と朝鮮の利益線を守るためには、〈攻撃を以て本領とする〉に足る軍事力が必要だと論じていた。日露協約を結んでいても、ロシアからの復讐を恐れた山県の軍拡論だった。

ロシアを恐れる軍拡論について――国防方針は陸海軍の所管事項であり、憲法における天皇の統帥大権にかかわりますので、陸海軍が天皇に直接上奏するのは当然ではありました。しかし前提となるべき外交や国際情勢の判断について、事前に政府と協議した形跡はなく、裁可に先立って天皇が首相の西園寺に〈内覧〉を許して意見を述べる機会を与えただけです。西園寺の意見は、おおむね次の通りでした。
――列強の利権拡張政策が衝突して不測の変乱になる可能性もあるので、国防方針をたてるためには各国外交政策の大勢を達観して兵備の状況を洞察したうえで、緩急塩梅をあやまらないようにしなければならない。日本の国力は欧米二、三の同盟に対して軍備の優越を望むことはできないから、外交によって同盟与国の交誼《こうぎ》を厚くするとともに、わが国と利害を異にする国際間の連合を極力防止する必要がある――

この当時は日露戦争の勝利後でもあり、陸海軍の国家機構内における比重が増し、発言権が勢いを得ていました。西園寺が首相になった時期は、陸海軍が国家機構のなかで積極的に動き始めていたのです。

こうした軍部の動きに対して、伊藤博文と西園寺公望は「独走傾向にある」と強く懸念する。すぐさま「公式令」を制定し、同時に「内閣官制」を改正した。

この「公式令」により、すべての勅令は天皇の署名・捺印の後に「首相が副署する」と決め、軍部が「帷幄《いあく》上奏の権利」により直接、天皇に伺いを立てることを阻んだ。天皇と軍部の直属関係を断ち、軍部を内閣の統制下に置く制度だった。

対して軍部は、猛反発する。陸海軍大臣の副署だけで発布できた軍事勅令が、首相の副署がないと出せなくなったからである。一九〇七年八月、陸相の寺内正毅と海相の斎藤《さいとう》実《まこと》が天皇に帷幄上奏して、「軍令」案の諮詢《しじゅん》を元帥府に請うた。

この「軍令」案は第一条で〈陸海軍の統帥に関し勅定を経たる規定は之を軍令とす〉と明記し、第二条に〈軍令にして公示を要するものには上諭を附し、親署の後御璽《ぎょじ》を鈐《けん》し主任の陸軍大臣海軍大臣年月日を記入し之に副署す〉とある。軍事勅令に首相の副署は不要だと切り返したのだった。

軍令制定と国防方針について——天皇は首相の西園寺に下して、伊藤と山県の元老に諮詢させました。このような案件が、帷幄上奏で決定されて良いか、否か、と迷われたからだと察します。軍令の制定に反対の伊藤は山県と激しく論争し、西園寺も反対でしたが、結局、天皇は陸海軍大臣の意向に沿って裁可しました。山県らの軍部は、伊藤と西園寺が制定した公式令に対抗して、軍令制定で反撃に成功したのです。

そこで「帝国国防方針」ですが、首相の西園寺が天皇から内覧を許されただけで、大蔵相らの閣僚や政府関係者には秘密扱いでした。重要な国策が軍部のイニシアチブだけで決まり、文書は金庫の奥深くに収められ、最高の国家機密とされたのです。第一次「帝国国防方針」（一九〇七年）では露米を仮想敵国としていますが、第二次「方針」（一九一八年）は中国を加えて露米中となりました。

陸軍はソ連と中国を相手とする兵備と訓練に、海軍はアメリカとイギリスを相手にすえた建艦と訓練に重点をおきます。両軍に不一致はあっても、仮想敵国軍に対して常に攻勢をとり、機先を制することを重視した点は共通でした。

山県有朋が強調した〈攻撃を以て本領とする〉軍事力により、次なる戦争へと向かっていくのが、帝国主義国家の抱える軍隊の本質なのかもしれない。

4　韓国の植民地化と国民道徳の教化

「日韓議定書」で韓国全土を兵站基地

韓国政府は日露戦争に先だって一九〇四年（明治三十七年）一月二十一日、戦時中立化政策によって日露の承認を得ずに局外中立を宣言した。英・独・仏・伊や清などが承認し、ロシアも最終的に同意している。しかし、日本はまったく無視した。

日本陸軍の先遣部隊はロシア艦隊に先制攻撃を加える二日前の二月六日、仁川から韓国に上陸する。釜山・馬山の電信局を軍事占領してから京城に侵入し、軍事的圧力によって日韓議定書の締結を強要する。日露戦争を有利に進めるための議定書だった。
この議定書に反対した韓国の閣僚は「遊覧」名目で日本に移送され、韓国軍の連隊長ら反日派は漢城から追放された。邪魔者を王宮から追放し、皇帝高宗から委任を受けることなく、韓国外相代理と日本公使の記名によって二月二十三日、日韓議定書は調印された。

【日韓議定書】（大要）
第一条　大韓帝国政府は大日本帝国政府を確信し、施政の改善に関し其忠告を容るること。
第二条　大日本帝国政府は大韓帝国の皇室を確実なる親誼を以て安全康寧ならしむること。
第三条　大日本帝国政府は大韓帝国の独立及領土保全を確実に保証すること。
第四条　第三国の侵害に依り若くは内乱の為め、大韓帝国の皇室の安寧或は領土の保全に危険ある場合は、大日本帝国政府は速に臨機必要の措置を取るべし。而して大韓帝国政府は右大日本帝国政府の行動を容易ならしむる為め十分便宜を与えること。
大日本帝国政府は前項の目的を達する為め軍略上必要の地点を臨機収用することを

得ること。

第五条　両国政府は相互の承認を経ずして後来、本協約の趣旨に違反すべき協約を第三国との間に訂立することを得ざること。

注目されるのは第四条で、韓国の独立や領土の保全を保障するとの名目で、日本軍の占領を認めさせた。朝鮮半島で自由な軍事行動を行うための議定書であるのは明白だった。追い打ちをかけるかのように三月十日には、韓国駐劄隊を韓国駐劄軍に格上げして強化を図った。明治維新が武力による戊辰戦争で政権を確立したように、韓国を支配するうえで軍事力を行使するつもりだったに相違ない。

そして日本政府は五月三十一日、「帝国の対韓方針」を閣議決定する。政府として「帝国は韓国に対し政事上及軍事上に於て保護の実権を収め、経済上に於て益々我利権の発展を図るべし」と表明したのだった。その〈理由〉を次のように述べている。

〈韓国の存亡は帝国安危の繫る所にして、断じて之を他国の呑噬《どんぜい》に一任するを得ず〉〈我邦に於ては宜しく政事上軍事上並に経済上、漸次該国に於ける我地歩を確立し、以て将来再び紛糾を醸す憂を絶ち帝国自衛の途を完ふせざるべからず〉

見逃せないのはこの時点で、日韓議定書により〈或る程度に於て保護の実権を収めるを得た〉としていることだろう。そのうえで軍事、外交、財政、交通、通信、産業と多岐にわたって方針をあげているが、つまるところは韓国の植民地化計画にほかならない。韓国の主権を踏みにじってまで植民地化しようとする「帝国の対韓方針」であった。

韓国独占支配の経済的な側面について——日清戦争後に急速に発展した産業革命によって、日本の資本主義は綿業を中心に輸出産業が飛躍的に伸びました。日本の対外輸出は明治前半期には欧米が大半を占めていますが、一九〇〇年(明治三十三年)頃になるとアジアが五〇パーセントを超え、朝鮮と中国が主要な市場となります。韓国の輸出入の八〇パーセントから九〇パーセントは日本が相手国でした。こうしたことから、日本が韓国を独占支配する目的は当初の政治的・軍事的なものから、ここにきて経済的にも後に引けなくなったのです。いずれにしても軍事力を背景にしていますから、韓国の人たちは隷属と弾圧を強いられました。

日露戦争に歩調を合わせて韓国になだれ込んだ陸軍は、京城から平壌へと我が物顔で進んだ。韓国内では局地的な戦闘があったにすぎないが、日韓議定書の第四条にもとづいて、軍部は韓国駐劄軍を増強した。海野福寿著書『韓国併合』は具体的に述べている。〈韓国駐劄軍が対露兵力としてだけでなく、韓国内民衆の弾圧装置であったことを示している〉〈韓国民にとっての日露戦争は、ロシア軍とのたたかいではなく、日本軍とのたたかいであった。鉄道用地、軍用地の強制収用をはじめ、人馬・食糧徴発が民衆に植民地化の危機を実感させた。一九〇四年九月一四日、京畿道始興郡で数千の群衆が完成まぢかい京釜鉄道の軍役人夫徴発に反対して郡衙《ぐんが》を襲い、郡守と日本人二人を殺害した〉

これらの「暴動」は氷山の一角にすぎず、手を焼いた韓国駐劄軍司令官は軍律を公布する。〈軍律とは占領軍が公布する一般住民にたいする取り締まり令であるが、「軍用電線、軍用鉄道に害を加えたるものは死刑に処す」、「情を知りて隠匿するものは死刑に処す」とし、さらに電信線・鉄道など軍用施設の保護を地域の責任とし、被害を生じて加害者逮捕ができなかったばあいは、村長や保護委員を「笞罰《ちばつ》又は拘留に処す」という過酷な内容だった。（中略）一九〇四年七月から一九〇六年一〇月にいたる二年あまりのあいだに、軍律による処分者は死刑三五人、監禁および拘留四六人、追放二人、笞刑一〇〇人、過料七四人、合計二五七人にのぼる〉

死刑の二文字に、胸をふさがれる。それも一般住民が含まれているのだから、戦慄させられる軍律であった。

日本政府は日露戦争の展開が有利になると、新たに第一次日韓協約を一方的に結んだ。八月二十二日に締結した協約は、日本政府の推薦する〈財務顧問〉と〈外交顧問〉を置いて、財務や外務に関する事項は〈総て其意見を詢《と》い施行すべし〉と指示したのである。日露戦争における軍事上の利益を目的に日韓議定書を結んだ。その勝利が見通せるにつれて、今度は経済上からも有利になるように日韓協約を押しつけたのである。

「韓国保護条約」と反日運動

かつて首相を務めた伊藤博文が韓国の国王高宗に謁見したのは、一九〇五年（明治三十八年）十一月十日のことである。日露戦争の勝利でロシアに韓国を保護する権利を認めさせた日本政府は、当事国と「韓国保護条約」（第二次日韓協約）を締結するために、元老で枢密院議長の伊藤を特派大使として派遣した。名目は「韓国皇室御慰問」だった。

伊藤は高宗に明治天皇の親書を渡し、保護条約の承認を提議する。伊藤の要請した外交権の移譲について、高宗は日本の朝鮮政策を非難したうえで、条約を締結すれば独立国でなくなると拒んだ。しかし、伊藤は強硬だった。

十一月十六日、伊藤は八人の大臣と個別に会談して条約の締結を迫ったが、いずれからも拒絶されている。このため伊藤は十七日、駐韓公使の林権助《ごんすけ》と駐劄軍司令官の長谷川好道《よしみち》が率いる憲兵を引き連れて王宮に入った。

王宮は韓国駐劄軍が取り囲んだ。こうした武力による威圧で、半数以上の大臣を賛成させることができたが、趙景達著『近代朝鮮と日本』は次のように記している。

〈署名、捺印が修了したのは一八日深夜一時半頃である。外部大臣の邸璽《じ》（職印）は、日本人外交官が憲兵隊を引き連れて外部大臣官邸から奪ってきた。そのため調印が遅れた。まるで、やくざの所行である。この調印は、韓国の国内法である中枢院官制を無視したものである。また、高宗は調印の知らせを聞くや涙を流して吐血し、脅迫による調印だとして大臣らの無能をなじるとともに、「赤子」の決起を各地に呼びかけよと激高した〉

韓国保護条約（第二次日韓協約）は締結された。岩井さんは「韓国の一切の外交権を奪い、日本政府が管理指揮することになったのです。韓国が外国に置いた公使館や領事館などの業務も日本が接収しました」と語る。条約の第三条にこうある。

〈日本国政府は、其の代表者として韓国皇帝陛下の闕下《けっか》に一名の統監（レジデントゼネラル）を置く、統監は専ら外交に関する事項を管理する為め、京城に駐在し、親しく韓国皇帝陛下に内謁するの権利を有す〉

日本政府は一九〇六年二月、明治天皇に直属する初代統監に伊藤博文を選んだ。

初代韓国統監の役割について――伊藤博文の役割は、植民地化の地ならしでした。文官の伊藤が統監になったのは、列国の手前、朝鮮支配の軍事的な側面を緩和するためだといってよいでしょう。また山県有朋の大反対を押し切って、文官の伊藤が韓国駐屯軍の指揮権を強く要求したのは、駐屯軍が無制限に活動するのを抑制しようとの意志があったからです。伊藤が一代限りの軍隊指揮権を獲得できたのは、明治天皇の絶大な信任と支援があったからにほかなりません。

伊藤は、日本国内で台頭していた韓国との合併論に反対だった。あくまで保護国として支配したい伊藤は、財政の立て直しや近代化政策により韓国の近代化を目指した。懸命に韓国の「独立富強」を訴えたが、義兵と民衆が結びつき、各地で国権回復闘争は広がった。

対して日本政府は一九〇六年八月、韓国駐箚軍を常備部隊にして兵営の建設まで行う。そうして反日暴動の押さえ込みに当たった。武器を持つだけが抵抗ではなく、自ら命を絶つ憤死もまた強い抗議として各地で見られた。

そうした韓国の人々の抗議に思いを馳せるにつけ、京都・東山の「耳塚（鼻塚）」が脳裡をよぎる。「塚」という漢字は、生贄《いけにえ》として埋められた墳墓の形に由来しているという。京都市の説明板は次のように記載している。

〈この塚は、16世紀末、天下を統一した豊臣秀吉がさらに大陸にも支配の手をのばそうとして、朝鮮半島に侵攻したいわゆる文禄・慶長の役（朝鮮史では、壬辰・丁酉の倭乱、1592〜1598年）にかかる遺跡である。秀吉麾下の武将は、古来一般の戦功のしるしである首級のかわりに、朝鮮軍民男女の鼻や耳をそぎ、塩漬にして日本へ持ち帰った。それらは秀吉の命によりこの地に埋められ、供養の儀がもたれたという。これが伝えられる「耳塚（鼻塚）」のはじまりである。（中略）秀吉が引き起こしたこの戦争は、朝鮮半島における人々の根強い抵抗によって敗退に終ったが、戦役が遺したこの「耳塚（鼻塚）」は、戦乱下に被った朝鮮民衆の受難を、歴史の遺訓として、今に伝えている〉

残虐にふるまった秀吉軍の侵略行為が、朝鮮半島の民衆をして、日本に抵抗する民族意識を生んだとしても不思議ではない。明治政府の一連の対韓政策への抗議行動にも、そのことはうかがえる。

岩井さんは「日露戦争が終わっても、日本は韓国を支配するために大兵力を置き、韓国の人たちに平和はもたらされませんでした」と語る。合併も保護も、実態は軍事力による支配だった。

「ハーグ密使事件」と韓国軍の解散

『大阪毎日新聞』が〈韓人の運動〉として、オランダ・ハーグからの特派員原稿を掲載したのは一九〇七(明治四十年)年七月三日だった。三人の韓国人が、第二回万国平和会議に突然やって来た。〈日本が韓帝の承諾なく外交権を奪える非を鳴らし、かつ日本悪政を挙げて各国委員に訴えた〉。いわゆる「ハーグ密使事件」で、三人は皇帝高宗の親書を携えていた。軟禁状態の高宗が、密使を派遣したのは明らかだった。

密使たちは、万国平和会議の議長国ロシアをはじめアメリカやイギリスなどの代表を訪ねた。韓国保護条約(第二次日韓協約)の無効と密使の平和会議への出席を要請したが、いずれも認められなかった。

一方、初代統監の伊藤博文は「密使事件」に激怒する。日本政府から皇帝譲位の閣議決定を得るや、高宗に迫った。孤立した高宗は、伊藤の要求をのんだ。その夜、漢城（現ソウル）から反日暴動が勃発するや、伊藤はすぐさま第三次日韓協約を締結させた。岩井さんは「第三次日韓協約は、統監が韓国の内政全般について指導するという内容です」と指摘する。

【第三次日韓協約】（大要）

第一条　韓国政府は施政改善に関し統監の指導を受くること。

第二条　韓国政府の法令の制定及び重要なる行政上の処分は、予め統監の承認を経ること。

第四条　韓国高等官吏の任免は統監の同意を以て之を行うこと。

第五条　韓国政府は統監の推薦する日本人を韓国官吏に任命すること。

第六条　韓国政府は統監の同意なくして外国人を傭聘《ようへい》せざること。

韓国保護条約（第二次日韓協約）を高宗に強要したときと同様に、伊藤は統監の権限強化を押しつけた。さらに伊藤は高宗に譲位を迫り、孤立無援となった高宗は同意している。岩井さんは「実はこのとき伊藤と韓国首相との間で、皇居守衛の一大隊を除いて韓国軍を解散させる密約が交わされました」と指摘する。

事実、軍隊解散の詔勅は七月三十一日に発布された。解散の対象は約八千四百人で、八月一日から九月三日にかけて解散式が行われた。反対する韓国軍と日本軍との間で戦闘が繰り返されたが、漢城での反乱について趙景達著『近代朝鮮と日本』はこう書いている。

〈解散式が密かに行われようとするとき、待衛隊第一連隊第一大隊隊長の朴昇煥がピストル自殺した。解散の事実を知った部下たちは一斉に武器庫に取って返し、日本軍と銃撃戦となった。銃撃戦は二時間に及び、一部は白兵戦となった。韓国兵士は六八名の戦死者と一〇〇余名の負傷者を出し、日本軍は四名の戦死者と二九名の負傷者を出した。逃れた兵士は民衆にかくまわれ、その後漢城府外に脱出して義兵に合流した〉

反乱兵士は義兵闘争に合流して、全韓内で日本軍と衝突を繰り返すのだった。

激化する抗日反乱について——日本軍の韓国駐劄軍が討伐にあたりますが、反乱

はやがてゲリラ活動に発展します。その一部は韓国人移住者の多かった清国領の間島地方やロシア領の沿海州に根拠地を置くようになり、日本に対する抵抗または独立運動の拠点になっていきました。軍隊の解散時から三年ほどの間に、日本軍と義兵の衝突回数は二八一九回、義兵数は十四万一六〇三人とされています。伊藤博文はそれまで併合に反対する韓国保護化論者で通っていましたが、もはや合併しかないのではないかと思うようになります。

伊藤博文は六月十四日、韓国統監を辞任して帰国の途に就いた。その直後の七月六日、韓国併合の方針が閣議決定される。さっそく伊藤は十月、ロシア蔵相と会見するため東京を発つが、不帰の旅となった。

伊藤博文の暗殺について――伊藤が真に恐れていたのはロシアとの再戦です。だから韓国を併合するにあたり、ロシアから事前に了解を得ることが先決だと考えて、行動に出ました。十月二十六日のことです。伊藤は満州のハルビン駅で、ロシアの蔵相と車中会談をもちました。このあと歓迎者の輪から飛び出た韓国独立運動家の安重根（アン・ジュングン）に狙撃され、三発の銃弾を浴びた伊藤は、六十九年の生涯を閉じたのです。

伊藤博文という文官の元老を最も頼りにしていた明治天皇は大変なショックだったようで、側近は〈御老境に入らせられたかのように、御側の者には拝察したのでありますす〉と伝えています。明治天皇は他からの容喙を許さない陸海軍の統帥権者である大元帥として、みずから意識していましたが、他方ではやはり伊藤博文という文官の元老をもっとも頼りにしていたのです。

射殺犯の安重根は、伊藤の罪科十五条を書いて裁判官に提出している。第一条にあげたのが「閔妃殺害」で、そのとき伊藤は首相の職にあった。安重根は翌年の三月二十六日、処刑された。

併合した韓国を武断統治

韓国併合を視野に入れた日本政府は国際問題化するのを恐れて、列強への根回しを進めた。そして七月六日、韓国併合が正式に閣議決定された。さらには韓国統監を陸相の寺内正毅に交替させたうえで、韓国政府の警察権を統監府に移している。警察事務は憲兵が握ることになった。伊藤博文の暗殺事件を口実にしたのは明らかで、厳重な警戒態勢下の八月二十二日、「韓国併合条約」を成立させたのである。

【韓国併合に関する条約】（大要）

〈日本国皇帝陛下及韓国皇帝陛下は、両国間の特殊にして親密なる関係を願い、相互の幸福を増進し東洋の平和を永久に確保せんことを欲し、此の目的を達せむが為には韓国を日本帝国に併合するに如《し》かざることを確信し、茲《ここ》に両国間に併合条約を締結する〉

第一条　韓国皇帝陛下は、韓国全部に関する一切の統治権を完全且《かつ》永久に日本国皇帝陛下に譲与す。

第二条　日本国皇帝陛下は前条に掲げたる譲与を受諾し、且全然韓国を日本帝国に併合することを承諾す。

第六条　日本国政府は、前記併合の結果として全然韓国の施政を担任し、同地に施行する法規を遵守する韓人の身体及財産に対し十分なる保護を与え、且其の福利の増進を図るべし。

第八条　本条約は、日本国皇帝陛下及韓国皇帝陛下の裁可を経たるものにして、公布の日より之を施行す。

韓国の皇帝が明治天皇に統治権を譲ることを望み、天皇が受け入れたという形式をとっていた。また大韓帝国の国名を朝鮮名に変えた。さらに日本政府は、漢城を京城と改称して朝鮮総督府を置いた。初代総督は陸相の寺内正毅だった。

朝鮮は日本の植民地支配下に置かれたが、それは武力による統治であった。朝鮮総督府そのものが武断政治の本丸といえた。

〈現役の憲兵が直接警察業務を担当する憲兵警察制度を導入した。さらに小学校の教員や地方官吏までもが帯刀する強圧的な方法で植民地支配の安定を図った。民族教育への禁圧、言論・出版の自由を剝奪、結社・集会の禁止などとともに日本資本の効果的な進出と朝鮮市場確保のために会社令が発布され、朝鮮人の経済活動が制限された〉（李景珉監修・水野俊平著『韓国の歴史』）

明治五年創刊　八月三十日　火曜日　THE TOKYO NICHI-NICHI SHIMBUN　第一萬二千百八十號

東京日日新聞

○韓國併合條約

詔書

朕東洋ノ平和ヲ永遠ニ維持シ帝國ノ安全ヲ將來ニ保障スルノ必要ナルヲ念ヒ又常ニ韓國カ禍亂ノ淵源タルニ顧ミ曩ニ朕ノ政府ヲシテ韓國政府ト協定セシメ韓國ヲ帝國ノ保護ノ下ニ置キ以テ禍源ヲ杜絶シ平和ヲ確保セムコトヲ期セリ

爾來時ヲ經ルコト四年有餘其ノ間朕ノ政府ハ鋭意韓國施政ノ改善ニ努メ其ノ成績亦見ルヘキモノアリト雖韓國ノ現制ハ尚未タ治安ノ保持ヲ完スルニ足ラス疑懼ノ念毎ニ國内ニ充溢シ民其ノ堵ニ安セス公共ノ安寧ヲ維持シ民衆ノ福利ヲ増進セムカ爲ニハ革新ヲ現制ニ加フルノ避ク可ラサルコト瞭然タルニ至レリ

朕ハ韓國皇帝陛下ト與ニ此ノ事態ニ鑑ミ韓國ヲ擧ケテ日本帝國ニ併合シ以テ時勢ノ要求ニ應スルノ已ムヲ得サルモノアルヲ念ヒ茲ニ永久ニ韓國ヲ帝國ニ併合スルコトトナセリ

韓國皇帝陛下及其ノ皇室各員ハ併合ノ後ト雖相當ノ優遇ヲ受クヘク民衆ハ直接朕カ綏撫ノ下ニ立チテ其ノ康福ヲ増進スヘク産業及貿易ハ治平ノ下ニ顯著ナル發達ヲ見ルニ至ルヘシ而シテ東洋ノ平和ハ之ニ依リテ愈々其ノ基礎ヲ鞏固ニスヘキハ朕ノ信シテ疑ハサル所ナリ

朕ハ特ニ朝鮮總督ヲ置キ之ヲシテ朕ノ命ヲ承ケテ陸海軍ヲ統率シ諸般ノ政務ヲ總轄セシム百官有司克ク朕ノ意ヲ體シテ事ニ從ヒ施設ノ緩急其ノ宜キヲ得以テ衆庶ヲシテ永ク治平ノ慶ニ頼ラシムルコトヲ期セヨ

御名　御璽

條約

日本皇帝陛下及韓國皇帝陛下は兩國間の特殊にして親密なる關係を顧ひ相互の幸福を増進し東洋の平和を永久に確保せん事を欲し此の目的を達せんが爲めには韓國を日本帝國に併合するに如かざる事を確信し茲に兩國間に併合條約を締結する事に決し之れが爲め日本國皇帝陛下は統監子爵寺内正毅を韓國皇帝陛下は内閣總理大臣李完用を各其の全權委員に任命せり依て右全權委員は會同協議の上左の諸條を協定せり

第一條　韓國皇帝陛下は韓國全部に關する一切の統治權を完全且永久に日本國皇帝陛下に讓與す

第二條　日本國皇帝陛下は前條に掲げたる讓與を受諾し且全然韓國を日本帝國に併合することを承諾す

第三條　日本國皇帝陛下は韓國皇帝陛下太皇帝陛下皇太子殿下並に其后妃及び後裔をして各其の地位に應じ相當なる尊稱威嚴及名譽を享有せしめ且之を保持するに十分なる歳費を供給すべきことを約す

第四條　日本國皇帝陛下は前條以外の韓國皇族及び其後裔に對し各相當の名譽及待遇を享有せしめ且之を維持するに必要なる資金を供與する事を約す

第五條　日本國皇帝陛下は勳功ある韓人にして特に表彰をなすを適當なりと認めたる者に對し榮爵を授け且恩金を與ふべし

第六條　日本國政府は前記併合の結果として全然韓國の施政を擔任し同地に施行する法規を遵守する韓人の身體及財産に對し十分なる保護を與へ且其の福利の増進を圖るべし

第七條　日本國政府は誠意忠實に新制度を尊重する韓人にして相當の資格あるものを事情の許す限り韓國に於ける帝國官吏に登用すべし

第八條　本條約は日本國皇帝陛下及韓國皇帝陛下の裁可を經たるものにして公布の日より之を施行す

右證據として兩全權委員は本條約に記名調印するものなり

明治四十三年八月二十二日　統監　子爵　寺内正毅

隆熙四年八月二十二日　内閣總理大臣　李完用

李太王殿下

李王殿下

○列國政府に對する宣言

○併韓奉告祭

○朝鮮勅使

○韓國併合所感　△後藤男爵談

「韓国併合」を報じる『東京日日新聞』（1910 年 8 月 30 日付紙面から）

こうして韓国では武断政治が行われ、皇民化教育が徹底されるようになる。歌人の石川啄木は詠んだ。

〈地図の上　朝鮮国にくろぐろと　墨をぬりつゝ　秋風を聴く〉

日本による韓国の植民地時代は、一九四五年八月十五日まで続いた。

天皇頼みの「戊申詔書」で国民道徳の強化

韓国併合により日本の植民地は、日露戦争で得た南樺太と中国・遼東半島の租借地、それに台湾を合わせると国土面積の七七パーセントにも達した。帝国主義国にのし上がった半面、植民地を維持するうえで巨額の財政支出は避けられない。増加する軍事費に加えて、戦費を賄うために発行した公債の償却にも追われた。

政府はまたもや税収に狙いを定める。一九〇八年（明治四一年）に酒税・砂糖消費税を引き上げ、石油消費税を新設し、たばこの値上げを提案した。日清戦争時の実に三倍もの増税は、地方税や町村税にも及び、滞納は地方財政を破綻の危機に追い込んだ。さらに前年、米ニューヨークで起きた金融恐慌は、日本経済に大きな打撃を与えた。

兵は強くなりても、民は貧しき――といった社会情勢は、労働争議や暴動を引き起こした。鉱山と炭鉱の現場や造船所の職工による賃上げ争議、海軍工廠の職工暴動などが相次ぎ、国営や大手の企業でも見られた。注目されるのは労働者だけではなく、東京商工会議所が増税反対の決議をし、軍備の偏重を非難したことだろう。

そこで明治政府は例によって、困ったときの天皇頼みに出る。国民に重大な通達を行う場合、天皇の詔勅という形をとる高等政策だった。政府は天皇の権威を借りて、一九〇八年十月に「戊申《ぼしん》詔書」を発布する。戊申はこの年の干支《えと》だった。〈朕惟フニ〉で始まる詔書は国民に生活の規範を示した。

〈戦後日尚《なお》浅ク庶政益々更張《こうちょう》ヲ要ス、宜ク上下《しょうか》心ヲ一ニシ、忠実業ニ服シ、勤倹《きんけん》産ヲ治メ、惟《こ》レ信惟レ義、醇厚《じゅんこう》俗ヲ成シ、華ヲ去リ実ニ就キ荒怠相誡《いまし》メ、自彊《じきょう》息マサルヘシ〉

（日露戦争後あまり日も経っていないが、政治のすべてにわたってゆるみを引き締めなければならない。すべての国民が心を一にし、まじめに仕事に励み、勤勉・倹約して生計をたて、ひたすら信義を守り、人情厚くふるまう風潮をつくり、虚飾をやめて質実な態度をとり、なすべきことを怠ることのないよう互いに誡め、自ら勉め励んでやまないようにしなければならない）（『日本史史料集』）

財政危機や地方の荒廃、労働争議にみられる社会思想を危惧して、「戊申詔書」が発布されたのは明らかだった。

戊申詔書について——元老の山県有朋は、第一次西園寺公望内閣に対して、社会主義者の取り締まりが手緩いと上奏します。次の首相は山県派の桂太郎で、天皇制に立脚した国民道徳の教化を重視して、天皇の名において戊申詔書を下したのです。こうして国民への教化は、「戊申詔書」の精神に基づく官製運動に発展します。運動を主導した内務官僚は「地方改良運動」と名づけ、地方財政のてこ入れや部落有林野の統合などを行ったのです。その狙いは租税の負担能力を高めることにありました。いわば軍事国家を支える基盤の強化で、それは国民の統一にも向けられました。

一九一〇年には現役を退いた予備役による「帝国在郷軍人会」が誕生した。青年団も再編され、「青年団規十二則」に次の記述が見られる。

〈教育勅語並に戊申詔書の御主旨を奉体すべきこと〉〈忠君愛国の精神を養うべきこと〉

〈国体を重んじ祖先を尊ぶべきこと〉

明治政府は天皇の威を借りて国民に道徳を説き、そうして税収と良兵を得る体制を固めるのだった。

軍隊は内務書の改定で「精神主義の振興」

過度の個人主義や社会主義を戒め、醇風美俗や勤倹を国民に求める「戊申詔書」が発布された一九〇八年、軍隊では「軍隊内務書」の改定があった。朝鮮半島や満州を軍事力で統治するに際して、軍紀の引き締めに乗り出した。

軍隊内務書は兵営での日常生活を規定する管理規定集で、次の一項がある。

〈服従は軍規を維持するの要道たり、至誠上官に服従し、其命令は絶対に之を励行し、習性と成らしむを要す〉

服従の規定について、纐纈厚編・解説『軍紀・風紀に関する資料』は〈上官の命令を天皇の命令と認識させ、天皇への忠節と上官への服従を同一視させ、天皇の権威を前面に押し出す形で軍紀の強化を図ろうとした〉と指摘している。

そこで、「軍隊内務書」の改定である。陸軍幹部の田中義一《ぎいち》（後の首相）は、日露戦争の体験から厳しい軍紀と懲罰だけでは、軍隊内の支配と服従の関係を維持するのは難しいと判断して、「家族主義」を導入する。

〈兵営は艱苦《かんく》を共にし、死生を同じうする軍人の家庭にして、其起居の間に於て、軍紀に慣熟せしめ、軍人精神を鍛錬せしむるを以て主要なる目的とす〉

そのうえで田中は〈和気藹々《あいあい》の裡、軍隊家庭の実を挙くるを要す〉と強調した。田中が講演のたびに「中隊は軍隊内の一家庭」と声をからしたのは、軍紀の退廃があったからにほかならない。日露戦争後から軍法会議の処刑者は増加し、東京の歩兵第一連隊では兵士約三〇人の集団脱営事件が起きた。

〈戦争の影響による軍紀弛緩の一時的現象と考えられたのではなく、戦後激化した社会的矛盾の軍隊への反映として、当局者の深刻な憂慮をひきおこしたのである〉〈軍紀の崩壊は、天皇制軍隊の存立にとって、とくに致命的な意味をもつのである〉(『日本軍事史上巻』)

軍紀を引き締める「軍隊内務書」の改定理由の一つに、精神主義の振興があった。戦場がどこであれ〈少ない兵力と劣った兵器で「無理押《むりおし》ニ戦捷《せんしょう》ノ光栄」を獲得する〉には精神教育が必要だと強調した。

精神教育について——内容のない精神主義を強調する傾向が、国民や軍隊の教育ではっきり形をとってくるのが、日露戦争後の明治四〇年代です。戊申詔書の発布で国民思想の作興をはかり、また軍隊内務書を改定するなど、精神主義の異様な強調は偶然ではありません。みな明治の指導者が主導したのです。

大逆事件と明治の終焉

大日本帝国憲法下の一九〇八年（明治四十一年）に施行された旧刑法七三条は、こう規定している。〈天皇、太皇太后、皇太后、皇后、皇太子又ハ皇太孫ニ対シ危害ヲ加ヘ又ハ加ヘントシタル者ハ死刑ニ処ス〉

いわゆる大逆罪で、天皇や近親の皇族に危害を加えることは、国家に対する反逆とみなした。刑罰は死刑のみだった。最上級の大審院だけで刑が確定し、未遂や計画段階の共謀であっても、既遂犯と同じ処罰の対象にされた。

この七三条の適用を受けて一九一〇年五月に逮捕されたのが、社会主義者の幸徳秋水《こうとくしゅうすい》

（本名・伝次郎《でんじろう》）ら二十六人だった。明治天皇の暗殺を計画していたという容疑で、秋水は首謀者とされた。

高知県生まれの秋水は自由民権運動に触発されて上京するが、山県有朋が主導した保安条例により東京から追放された。中江兆民を師と仰ぎ、社会主義政党を結成するが治安警察法違反で禁止処分を受ける。発刊した『平民新聞』も発禁処分にあった。社会主義者を敵視した元老・山県にとって、秋水は不都合な存在だったに相違ない。

秋水ら十二人が処刑にされた大逆事件を取り上げたのが、第四十三会衆議院法務委員会（一九六三年六月）だった。事件を詳しく調べた評論家の神崎清氏が、参考人として意見陳述した。議事録から事件を振り返る。

〈この事件は非公開、傍聴禁止のまま行われ、世間では十分知られていなかったのでありますが、（明治四十四年一月）十八日の判決と同時に大審院検事局松室検事総長の名前で、事件発覚の原因、検挙、予審経過の大要を発表しております。「幸徳伝次郎外二十五名ノ被告事件ノ発覚ハ、明治四十三年五月下旬、長野県警察官カ被告宮下太吉ノ爆裂弾ヲ製造シ、之ヲ所持スルコトヲ探知シタルニ原因ス」と、そういう表現になっておりますけれども、大審院の法廷に提出された証拠物件としては、爆弾そのものではなくて、ちいさいブリキかんと爆薬の材料だけでありまして、完成された爆弾というものは一個もなかった。にもかかわらず、まるででき上がった爆弾を持っておったというような表現で、事実に相違した発表を行っております〉

神崎氏は〈でっち上げのにおい〉を指摘し、事件を指揮した検事の回顧録をもとに陳述を続けている。

〈毎朝六時に、時の総理大臣桂公爵の私邸に行って、前日のできごとを報告していた〉〈検事自身が総理大臣の指揮を受けていた。どうも法律以上の力がこの捜査及び裁判に影響している〉〈政治裁判のにおいがきわめて濃厚になっております〉〈桂内閣は元老山県軍閥の内閣と言われ、社会主義鎮圧方針をとっておった。その走狗として、手足として検事局が使われていた、そういう印象を打ち消しがたいのでございます〉

権力にフレームアップされた大逆事件で、幸徳秋水は絞首刑に処せられた。享年四十一だった。

ところで平民宰相で知られた原敬は、内務相だった一九〇八年六月二十九日の日記に、こう書き残している。

〈千家法相来訪し、去二十二日社会党の暴行に際し取押へたる十六名中、拘留所に於て「天皇斬殺すべし」と板壁に箸にて記載したる者あるに因り、之が処分に関し田中宮相とも内談せりとて余の意見を求むるにより、余は厳重に処分する方可ならんと返事し、兎に角明日首相と相談する事となしたり〉

不敬罪の落書き犯は若い社会主義者で、懲役三年六月の判決を受けた。こうした不敬事件は、天皇の神格化に努めてきた元老たちに衝撃を与える。〈傷つけられた天皇観は、もう一度補修されなければならない〉として、隅谷三喜男著『日本の歴史22』はこう述べる。〈それは日露戦争後の家族的国家観の形成であり、天皇をその中心にすえればよかったわけである。天皇は日本国という大家族の父であり、国民を赤子としていつくしむ親である、とすることである。天皇が絶対化され、国民からあまりに遠い存在となってしまったマイナス側面をカバーし、天皇と国民を結びつける論理と倫理が必要になったわけである〉

こうして明治政府は、天皇制国家体制の再強化に乗り出す。それは児童生徒にも向けられた。家族的国家倫理を徹底させる手段の一つとして、小学校の国定修身教科書の改定を行う。国定化は一九〇七年の第一期に始まり、義務教育年限を六年に延長した。一九一〇年には第二期国定修身教科書が編集される。第一期の「他人の自由」や「社会進歩」は第二期では削除され、「忠孝一致」や「皇祖皇宗の御遺勲」などが入った。

また「忠君」と「愛国」にわけていた徳目が、第二期は「忠君愛国」となる。〈我等国民は子の父母に対する敬愛の情を以て皇位を崇敬す、是を以て忠孝は一にして相分れず〉との説明がなされた。天皇への忠と親への孝は、家族のもとでは一致する、そんな理屈の修身教科書であった。

明治天皇の和歌について――明治天皇は生涯に九万三〇三二首の和歌を詠まれました。国民教化の中心になろうと意欲を示した歌は〈いつはらぬ神のこゝろをうつせみの世の人みなにうつしてしがな〉です。

明治天皇も当然、人としての情感を備え、悩みを抱えていました。しかし天皇の立場で、私的な心を公にする機会はありません。完全な自由は、作歌のなかだけでした。自由な作歌において、天皇はやはり天皇であり続けたのです。明治天皇の最後の句は〈開くべき道はひらきてかみつ代の国のすがたを忘れざらなむ〉でした。

かくして、明治は幕を閉じた。一九一二年七月三〇日のことである。

こうして明治という時代を振り返るに、日本は軍事力によって台湾を領有し、韓国を併合した。大正、昭和になっても軍拡と大陸進攻はやまなかった。戦争する国の常備軍は、中国東北部やロシア極東のシベリアにまで突き進んだ。その結果、アジア太平洋戦争を引き起こし、日本人だけで三百十万人が犠牲になった。

——歴史は、はじめの一歩を踏み誤ると、深刻で悲惨な結果をきたすことがあります。日本の大陸侵略は、歴史の節目ごとに反省のない誤った選択を重ねた結果として生まれました。歴史の成果から何の教訓も得なければ、国民も人類も滅亡への道を歩むことになるのではないでしょうか——

岩井忠熊さんはしみじみと語るのだった。岩井さんの言葉の重さをかみしめながら、それでも日本は外征軍を増強し、国を挙げて、さらなる戦争を繰り返した……と思うにつけ嘆息せずにはいられない。

あとがき

歴史学者で立命館大学名誉教授の岩井忠熊さんに導かれ、明治という時代を「戦争」をキーワードにして追究していくなかで、避けて通れなかったのが天皇である。時の為政者と軍部の指導者はことさら天皇を権威づけて、その権威に頼ることで国民を統合し、そうして天皇制軍国主義国家を築いた。外征型の常備軍を強化し、武力をもって大陸に侵攻していった。

大日本帝国憲法（明治憲法）は〈天皇は国の元首にして統治権を総攬《そうらん》し〉（第四条）に加えて〈天皇は陸海軍を統帥《とうすい》す〉（第十一条）と明記している。そして国民は〈兵役の義務を有す〉（第二十条）ことになり、徴兵制が敷かれた。

軍隊を統制するうえでも、天皇は大きく登場する。日本軍の精神的支柱だった軍人勅諭では〈朕《ちん》は汝等《なんじら》軍人の大元帥《だいげんすい》なるぞ〉として、天皇を日本軍の「総大将」に担いだ。こうして「皇軍」の兵士は、勅諭で〈義は山岳よりも重く、死は鴻毛《こうもう》よりも軽し〉と覚悟させられる。「鴻毛より軽い死」は「特攻」や「一億玉砕」に結びついたのではなかろうか。

その死についてだが、教育勅語では〈一旦緩急あれば義勇公に奉し、以て天壌無窮《てんじょうむきゅう》の皇運を扶翼《ふよく》すべし〉と書き足された。将来の皇軍兵士に向けて、国家の一大事には命を投げ出す覚悟で天皇をたすけなさい、と教え諭したのである。

天皇の名で「詔勅」を発布すると誰も反対できなかった。天皇の意志とは別に、時の権力は、国家の元首である「天皇の権威」を利用したといっても過言ではないだろう。いわゆる「天皇大権」は、政府と軍隊のためにあるのであって、天皇は直接的に関与できなかった。メディアの弾圧に新聞紙法（一九〇四年）の「朝憲紊乱罪《ちょうけんびんらん》」（天皇制国家の基本法を乱す罪）を適用したこともある。

日清戦争は天皇の「宣戦詔書」で始まるが、しかし天皇は開戦に反対だった。日露戦争もしかりで、内廷に入られてから落涙されたという。『明治天皇紀』でこうしたくだりに接すると、戦争をのぞまなかった明治天皇の胸中に、思いを馳せざるをえない。

そこで、現在である。

平成の三十年間は、天皇陛下が象徴としての務めに精励された歳月だった。あくまで映像を通してだが、私の脳裡に刻まれているのは「慰霊の旅」を続けられ、平和への思いを全身で示される、その変わらぬ姿勢である。

八月十五日の全国戦没者追悼式では「歴史を顧み、戦争の惨禍が再び繰り返されぬことを切に願い」（戦後五〇年の一九九五年）と述べられ、さらに戦後七〇年の二〇一五年には「さきの大戦に対する深い反省」の文言が加わった。

平和の祈りをこめた慰霊の旅を続ける陛下は誠心誠意、全身全霊の形容がふさわしい。この源泉は、どこにあるのだろうか——。

私は自問の末に、皇太子時代の初外遊にたどりついた。このとき陛下は皇太子として、英女王エリザベス二世の戴冠式に昭和天皇の名代として参列された。青年皇太子の初外遊について、『毎日新聞』は社説に〈将来、日本の象徴という地位につかれる皇太子様にとって、今度の御旅行は重要な社会科でもあろう〉と書いている。

象徴の二文字が、この六年前に施行された日本国憲法によるのは明らかだろう。大日本帝国憲法（明治憲法）では、天皇は象徴でなく、日本国の元首であり、また日本軍の大元帥（総大将）だった。そうして政府と軍部は、日本を軍事国家に築きあげて、戦争を繰り返した。すでに述べた通りである。

昭和天皇が一九二一（大正一〇）年に、皇太子として外遊されたときは召艦・香取に軍艦・鹿島を従えている。公式の席には、陸軍の軍服を着て臨まれた。軍国日本の威容を示す必要があったのだろう。

軍服といえば、一九一〇（明治四三）年に制定された皇族身位令には、皇太子は満十歳になると、陸軍及び海軍の武官に任ず、と明記されている。このためは陛下は、昭和一八年十二月二十三日に誕生日を迎えられたとき、武官になるところだった。

このとき近衛歩兵第一連隊は本部前に皇太子様用の式壇をつくっていたほどで、東条英機陸軍相も軍部の戦意高揚のためにもぜひ任官のほどをと、宮内省に申し入れている。しかし、任官されることなく敗戦を迎えた。昭和天皇の意向だったとみられるが、陛下はこれまで一度も軍服に袖を通していない。

この初外遊に際して、『サンデー毎日』（一九五三年四月五日号）は〈平和日本の象徴――燕尾服《えんびふく》で御参列〉の見出しで、書き留めている。

〈新憲法に、戦争を放棄した再建日本は、軍隊はなく、従って軍服もなく、皇太子さまは、もちろん礼装に剣をつけることなどの愚をあえてする要は、みじんもなくなっている〉

当時、十九歳だった陛下は皇太子として、欧米の訪問先で軍国日本の影を取り除く役目を果たされた。チャーチル英首相主催の午餐会では、陛下への理解が深まり、すべての出席者を武装解除させたという。

陛下は二〇一六（平成二十八）年八月八日、「お言葉」を述べられた。宮内庁のホームページは〈象徴としてのお務めについての天皇陛下のおことば〉を紹介している。〈日本国憲法下で象徴と位置づけられた天皇の望ましい在り方を、日々模索しつつ過ごして来ました〉とあるように、大日本帝国憲法で「元首」だった天皇は日本国憲法では「国家と国民の統合的象徴」と位置づけられた。陛下は「象徴としての務め」を重視し、これからも天皇家として大事にしていきたいとの思いを「お言葉」で述べられた、と私は理解している。

平和への思いと表裏一体になる「慰霊と鎮魂」を、天皇は象徴的な行為として大切になさってきた、と私は解釈している。天皇はこうした象徴的行為を、後に続く天皇にも託したいと望まれているにちがいない。それは「お言葉」からも読み取れる。〈象徴天皇の務めが常に途切れることなく、安定的に続いていくことをひとえに念じ、ここに私の気持ちをお話しいたしました。国民の理解を得られることを、切に願っています〉

象徴天皇制を途切れさせないでほしい――。これが天皇の願いであり、だから国民に理解と協力を求めている、と私は受け取った。

象徴的な務めの柱となっている「慰霊と鎮魂」の継続は、平和国家であってこそのものだろう。平和国家とは、自国の戦争であれ、他国に武力援助をする戦争であれ、戦争をしない非戦の国のことで、それは現在の日本である。だから天皇は「平和国家としての象徴天皇」が継続されることを願って、「お言葉」を述べられた。そのように、私は受け取っている。

そこで思うに、象徴天皇制を断ち切っているのが、自民党の改憲草案ではないかということである。第一条で〈天皇は、日本国の元首であり〉と明文化しており、天皇制軍国主義を支えた大日本帝国憲法の「元首」が復活している。私はいやがうえにも、元首としての天皇を「利用」した、旧時の権力者たちの行為を歴史のなかに見てしまう。ちなみに自民党の改憲草案は〈国防軍の創設〉も明記している。

私は想像を伸ばして、「お言葉」を再読した。あくまで政権与党の改憲草案にすぎないが、私が思うに、陛下は元首を望まれていないし、次の天皇につかれる皇太子様への思いも同様ではなかろうか。象徴天皇の務めの継続については、そういう意味もあるかもしれないと受け取った。私は深読みをしているのだろうか……。

ともあれ、平和日本の象徴天皇像を、陛下が確立されたことはまぎれもない。その半面、天皇が象徴でなかった明治という時代は、戦争と天皇を考える教材の一つといえよう。

本書は毎日新聞大阪本社発行の朝刊連載「平和をたずねて」の一環として連載した「軍国写影　反復された戦争」をもとに、明治という時代に絞ったうえで、大幅に改稿のうえ加筆して単行本にまとめた。歴史学者の岩井忠熊さんのご教示なくして、本書は成り立たず、解説者として登場していただいた岩井さんには、あらためて深謝申し上げます。また、書名をあげて引用させていただいた著者の方々には、この場をお借りして深く謝意を表します。

藤原書店の藤原良雄社長と編集部の山﨑優子さんには、『医師が診た核の傷　現場から告発する原爆と原発』（二〇一八年）と『核を葬れ！　森瀧市郎・春子父娘の非核活動記録』（二〇一七年）の刊行に続いて、このたびも大変お世話になりました。ここに、心より感謝申し上げます。

また新聞連載時は『毎日新聞』の同人に何かと協力していただきました。皆さん、有り難うございました。

二〇一九年二月

広岩近広

主な引用・参考文献

本書の解説者の岩井忠熊さん（立命館大名誉教授で歴史学者）の主な著書は次の通りです。

『日本近代思想の成立』創元社、1959年
『明治国家主義思想史研究』青木書店、1972年
『天皇制と日本文化論』文理閣、1987年
『天皇制と歴史学』かもがわ出版、1990年
『学徒出陣――〝わだつみ世代〟の伝言』かもがわ出版、1993年
『明治天皇――「大帝」伝説』三省堂、1997年
『大陸侵略は避け難い道だったのか―近代日本の選択』かもがわ出版、1997年
『近代天皇制のイデオロギー』文理閣、1998年
『西園寺公望――最後の元老』岩波新書、2003年
『戦争をはさんだ年輪―歴史研究者のあゆみ』部落問題研究所、2003年
『陸軍・秘密情報機関の男』新日本出版社、2005年
『「靖国」と日本の戦争』新日本出版社、2008年
実兄・岩井忠正さんとの共著
『特攻 自殺兵器となった学徒兵兄弟の証言』新日本出版社、2002年

そのほかにも多数の共著と編著があり、立命館大学編『西園寺公望伝』(四巻・別巻二冊、岩波書店、1990〜97年)の編集委員長を務められた。

小島慶三『戊辰戦争から西南戦争へ　明治維新を考える』中公新書、1996年
井上清『日本の歴史20　明治維新』(中公文庫)、1974年
渡邊幾治郎『皇國大日本史』朝日新聞社、1904年
栗原隆一『幕末日本の軍制』新人物往来社、1972年
松尾正人『維新政権』吉川弘文館、1995年
佐々木克『戊辰戦争　敗者の明治維新』中公新書、1977年
綱淵謙錠『戊辰落日(下)』文春文庫、1984年
三浦梧楼『観樹将軍回顧録』中公文庫、1988年
星亮一『会津落城　戊辰戦争最大の悲劇』中公新書、2003年
ジャン・バコン／シャルル・文子訳『戦争症候群』竹内書店新社、1983年
大江志乃夫『徴兵制』岩波新書、1981年
半藤一利『山県有朋』ちくま文庫、2009年
藤原彰『日本軍事史上巻　戦前篇』日本評論社、1987年
半藤一利『幕末史』新潮文庫、2012年
松下芳男『明治の軍隊』至文堂、1963年
岡義武『山県有朋』岩波新書、1958年
伊藤之雄『山県有朋　愚直な権力者の生涯』文春新書、2009年

藤原彰『天皇制と軍隊』青木書店、１９７８年
古川薫『秋霜の隼人』(『西郷隆盛　英雄と逆賊』に所収) ＰＨＰ文庫、２０１７年
猪飼隆明『西郷隆盛　西南戦争への道』岩波新書、１９９２年
エマヌエル・カント／池内紀訳『永遠平和のために』集英社、２００７年
梶村秀樹『朝鮮史――その発展』講談社現代新書、１９７７年
趙景達『近代朝鮮と日本』岩波新書、２０１２年
大久保利謙編『明治政府―その政権を担った人びと』新人物往来社、１９７１年
内藤正中『自由民権運動の研究』青木書店、１９６４年
後藤靖『自由民権』中公新書、１９７２年
中江兆民／桑原武夫・島田虔次訳・校注『三酔人経綸問答』岩波文庫、１９６５年
徳永真一郎『明治の逆徒』毎日新聞社、１９８２年
松下芳男『明治軍制史論　上巻』有斐閣　１９５６年
松下芳男『明治軍制史論　下巻』有斐閣、１９５６年
徳富蘇峰編述『公爵山県有朋伝』原書房、１９６９年
半藤一利『あの戦争と日本人』文春文庫、２０１３年
全国憲友会連合会編纂委員会編『日本憲兵正史』研文書院、１９７６年
田崎治久編著『日本之憲兵　続』(大正2年刊の復刻) 原書房、１９７１年
大江志乃夫『東アジア史としての日清戦争』立風書房、１９９８年
色川大吉『日本の歴史21　近代国家の出発』中公文庫、１９７４年
松尾尊兊編『石橋湛山評論集』岩波文庫、１９８４年

井出孫六『石橋湛山と小国主義』岩波ブックレット、２０００年
小林和幸『谷干城　憂国の明治人』中公新書、２０１１年
丸山静雄『典範令と日本の戦争』新日本出版社、２００２年
瀧井一博『伊藤博文』中公新書、２０１０年
福沢諭吉・慶応義塾編纂『福沢諭吉全集 第14巻』岩波書店、１９６１年
海野福寿『韓国併合』岩波新書、１９９５年
角田房子『閔妃暗殺　朝鮮王朝末期の国母』新潮文庫、１９９３年
加藤陽子『戦争の日本近現代史』講談社現代新書、２００２年
信夫清三郎・中山治一編『日露戦争史の研究』河出書房新社、１９５９年
大江志乃夫『日本の参謀本部』中公新書、１９８５年
尹健次『もっと知ろう朝鮮』岩波ジュニア新書、２００１年
陸奥宗光／中塚明校注『蹇蹇録』岩波文庫
大谷正『日清戦争』中公新書、２０１４年
高橋秀直『日清戦争への道』東京創元社、１９９５年
宮内庁編『明治天皇紀　第八巻』吉川弘文館、１９７３年
吉田孝『歴史のなかの天皇』岩波新書、２００６年
隅谷三喜男『日本の歴史22　大日本帝国の試煉』中公文庫、１９７４年
大江志乃夫『東アジア史としての日清戦争』立風書房、１９９８年
津田茂『明治聖上と臣高行』原書房、１９７０年
由井正臣『大日本帝国の時代』岩波ジュニア新書　２０００年

殷允芃編／丸山勝訳『台湾の歴史』藤原書店、１９９６年
渡部由輝『宰相 桂太郎』光人社ＮＦ文庫、２０１５年
宮内庁編『明治天皇紀　第十巻』吉川弘文館、１９７４年
東京日日新聞・大阪毎日新聞編・刊行『日露戦争を語る 陸軍編』、１９３５年
児島襄『日露戦争（第二巻）』文芸春秋、１９９０年
鈴木健二『戦争と新聞』ちくま文庫、２０１５年
山辺健太郎『日韓併合小史』岩波新書、１９６６年
岡崎久彦『小村寿太郎とその時代』ＰＨＰ研究所、２０１０年
猪木正道『軍国日本の興亡』中公新書、１９９５年
栗原健編著『対満蒙政策史の一面』原書房、１９６６年
朴宗根『日清戦争と朝鮮』青木書店、１９８２年
趙景達『近代朝鮮と日本』岩波新書、２０１２年
金文子『朝鮮王妃殺害と日本人　誰が仕組んで、誰が実行したのか』高文研、２００９年
岩村三千夫・野原四郎『中国現代史』岩波新書、１９６４年
山室信一『日露戦争の世紀』岩波新書、２００５年
李景珉監修／水野俊平著『韓国の歴史』河出書房新社、２００７年
纐纈厚（編・解説）『軍紀・風紀に関する資料』不二出版、１９９２年
原奎一郎（編）『原敬日記』（第一巻から第六巻）福村出版、１９６５年〜６７年
外務省編『日本外交年表並主要文書　下』原書房、１９７８年
文芸春秋社『文芸春秋』（１９７４年２月号）

新人物往来社『歴史読本』（２００４年４月号）
『朝日新聞社史　明治編』朝日新聞社、１９９０年
『毎日の３世紀上巻』毎日新聞社、２００２年

この他に新聞、雑誌、論文集、インターネットの各種ホームページなどを参考にさせていただきました。

わ 行

ま行

や行

ら行

た 行

な 行

は 行

さ 行

人名索引

あ 行

か 行

著者紹介

岩井忠熊（いわい・ただくま）

1922年熊本市生まれ。京都大学文学部史学科卒業。1949年から立命館大学の講師、助教授、教授、文学部長、副学長などを務め、1988年に退職。現在、立命館大学名誉教授。専攻は日本近代史。著書は『西園寺公望――最後の元老』(岩波新書、2003年、2017年に復刊）など多数（書名は巻末に掲載）。

広岩近広（ひろいわ・ちかひろ）

1950年大分県生まれ。電気通信大学電波通信学科卒業。1975年に毎日新聞社に入社、大阪本社編集局次長をへて2007年に専門編集委員。原爆や戦争を取材し、大阪本社の朝刊連載「平和をたずねて」で第22回坂田記念ジャーナリズム賞を受賞。2016年から客員編集委員。近著に『シベリア出兵　「住民虐殺戦争」の真相』（花伝社、2019年）。

象徴《しょうちょう》でなかった天皇《てんのう》――明治史《めいじし》にみる統治《とうち》と戦争《せんそう》の原理《げんり》

2019年 4月10日　初版第 1 刷発行©

著　者　岩　井　忠　熊
　　　　広　岩　近　広

発行者　藤　原　良　雄

発行所　株式会社　藤　原　書　店

〒162-0041　東京都新宿区早稲田鶴巻町 523

電　話　03（5272）0301

F A X　03（5272）0450

振　替　00160 - 4 - 17013

info@fujiwara-shoten.co.jp

印刷・製本　中央精版印刷

落丁本・乱丁本はお取替えいたします
定価はカバーに表示してあります

Printed in Japan
ISBN978-4-86578-217-2

父娘の訴えが「核兵器禁止条約」につながる

核を葬れ！

（森瀧市郎・春子父娘の非核活動記録）

広岩近広

「核と人類は共存できない」「人類は生きねばならぬ」……森瀧父娘は訴え続けた。そして「核兵器禁止条約」が二〇一七年七月に採択。核実験が繰り返され、劣化ウラン弾が製造・使用され、「平和利用」の名のもと原発がはびこる現在をのりこえ、全世界的な〝核〟の悪循環を断ち切り、核被害者（ヒバクシャ）を出さないために。

四六並製　三五二頁　**二六〇〇円**
（二〇一七年七月刊）
◇978-4-86578-130-4

絶対に、「核と人類は共存できない」

医師が診た核の傷

（現場から告発する原爆と原発）

広岩近広

人類未知の原爆症に直面し、医師たちは多重がん、遺伝子への損傷など、その非人道性を証明した。また原発事故による核被害は、チェルノブイリの小児甲状腺がん多発で問題化し、福島でも健康問題が懸念され、医師たちを活動に駆り立てている。二三人の医師が、実名で渾身の告発をした、総合的な記録。

四六並製　三二〇頁　**二二〇〇円**
（二〇一八年八月刊）
◇978-4-86578-188-5

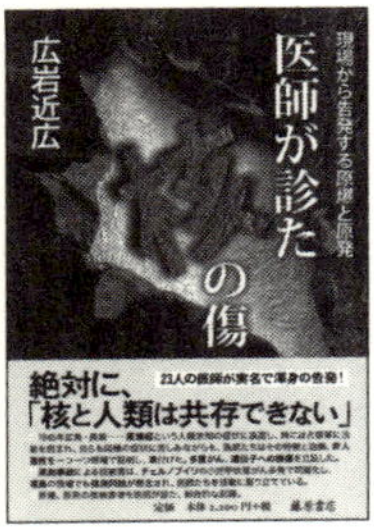

〝遅すぎることはない！〟

テクノクラシー帝国の崩壊

（「未来工房」の闘い）

R・ユンク　山口祐弘訳

危険が大きすぎるゆえに、技術への人間の従属を強いる原発産業の構造を、四〇年前に著者は暴いた。生物工学、情報産業などの過剰な進展が同様の〝帝国〟をもたらすと訴え、代替エネルギー、環境保全、反核・反原発等々、〝生命の危機〟に抵抗する全ての運動の連帯を説く。

四六変上製　二〇八頁　**二八〇〇円**
（二〇一七年一〇月刊）
◇978-4-86578-146-5

PROJEKT ERMUTIGUNG　Robert JUNGK

われわれは原子力から逃れることが出来るのか⁉

原子力の深い闇

（〝国際原子力ムラ複合体〟と国家犯罪）

相良邦夫

戦後、世界は原子力（＝核）を背景に平和を享受し続けてきた。だが、今や我々をとりまく環境は、原子力に包囲し尽くされてしまった。本書は、国連諸機関並びに原子力推進諸団体及び国家などが、原子力を管理・主導する構造（国際原子力ムラ複合体）を、現在入手しうる限りの資料を駆使して解明する告発の書である。

Ａ５並製　二三二頁　**二八〇〇円**
（二〇一五年六月刊）
◇978-4-86578-029-1

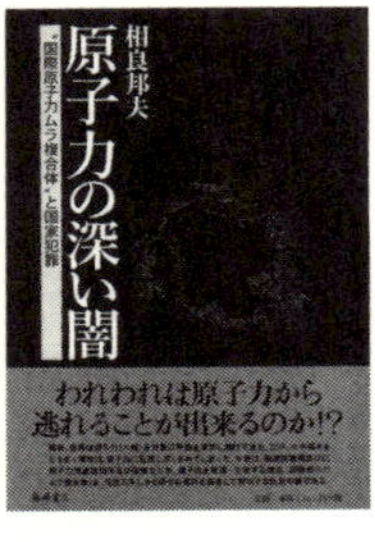

「この国の最底辺はいつまで続くのか」(髙村薫氏)

新版 無縁声声 (日本資本主義残酷史)

平井正治
特別寄稿＝髙村薫／稲泉連

大阪釜ヶ崎の三畳ドヤに三十年住みつづけ、昼は現場労働、夜は史資料三昧、休みの日には調べ歩く。"この世"のしくみと"モノ"の世界を徹底的に明かした問題作。

四六並製　三九二頁　**三〇〇〇円**
(一九九七年四月／二〇一〇年九月刊)
◇978-4-89434-755-7

戦後の豊かさとは!?　反逆人生五十年

声なき人々の戦後史 ㊤㊦

鎌田 慧
聞き手＝出河雅彦

コンベヤー労働、派遣、国鉄民営化、三池炭鉱大争議などの労働問題、水俣病などの公害・環境問題、成田空港反対闘争や辺野古闘争、袴田事件などの冤罪、原発をめぐる渾身のルポと反原発運動、葛西善蔵、大杉栄らへの関心ほか、その歩みの全て。

四六上製　㊤三七六頁　㊦四二四頁　**各二八〇〇円**
(二〇一七年六月刊)
㊤◇978-4-86578-123-6
㊦◇978-4-86578-124-3

「社会企業」の成功には何が必要なのか？

10万人のホームレスに住まいを！

(アメリカ「社会企業」の創設者 ロザンヌ・ハガティの挑戦)

青山 佾 〈対談〉R・ハガティ

ニューヨークを皮切りに、ホームレスの自立支援を成功させてきたハガティ氏の二〇年間の活動を日本の「貧困問題」「災害復興」の現場で活躍してきた著者が解説、今こそ求められる「社会企業」の役割と、あるべき未来像を実践的に論じる。

A５並製　二四八頁　**二二〇〇円**
(二〇一三年五月刊)
◇978-4-89434-914-8

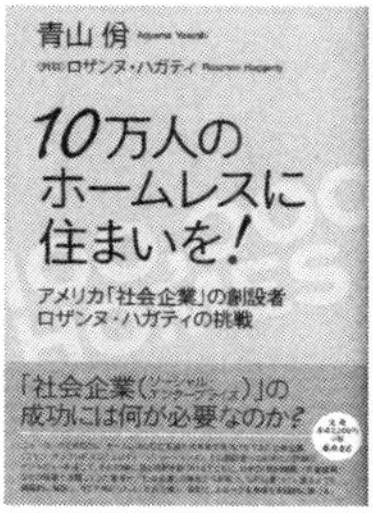

世界を歩いてわかった「東京」の魅力、そして課題とは？

世界の街角から東京を考える

青山 佾

巨大都市・東京の副知事を長年務め、ハードおよびソフトとしての都市を熟知する著者が、実際に訪れたニューヨーク、ロンドン、パリ、ベルリン、ローマ、バルセロナ、モスクワ、北京、ホーチミンなど世界の約五〇都市と比較しながら、自治・防災・観光資産・交通・建築など多角的視野から考える、「東京」の歴史・現在・未来。

四六並製　四〇八頁　**二五〇〇円**
(二〇一四年一〇月刊)
◇978-4-89434-995-7

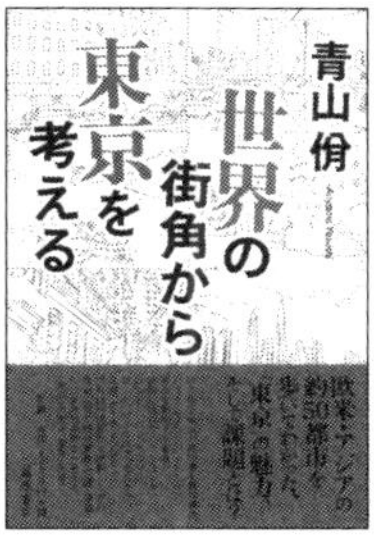

明治維新一五〇年記念に贈る、新しい日本史

別冊『環』㉓

江戸―明治　連続する歴史

浪川健治・古家信平編

序　**「連続する「時間」と「空間」からの日本史」**　浪川健治・古家信平

Ⅰ　**考える――学問と知識人**
デビッド・ハウエル／武井基晃／吉村雅美／ジョーン・ハンスン／岩本和恵／北原かな子／楠木賢道

Ⅱ　**暮らす――地域と暮らし**
古家信平／宮内貴久／清水克志／平野哲也／及川高／萩原左人／塚原伸治

Ⅲ　**変わる――社会と人間**
浪川健治／根本みなみ／山下須美礼／柏木亨介／中里亮平／神谷智昭

〈付〉関連年表、各部にコラム

菊大判　三三六頁　**三八〇〇円**
（二〇一七年一二月刊）
◇978-4-86578-155-7

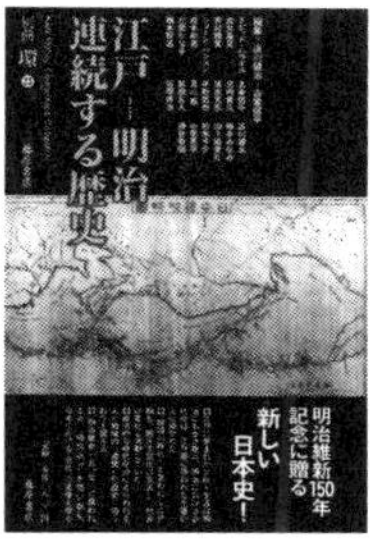

「日露戦争は世界戦争だった」

日露戦争の世界史

崔　文衡
朴菖熙訳

「日露戦争」の意味は、日露関係だけでは捉え得ない。自国の植民地化を冷徹なまでに客観的に捉えんとする韓国歴史学界の第一人者が、各国の膨大な資料と積年の研究により、日露戦争から韓国併合に至る列強の角逐の全体像を初めて明らかにする。

四六上製　四四〇頁　**三六〇〇円**
（二〇〇四年五月刊）
◇978-4-89434-391-7

世界史の中の二・二六事件

二・二六事件とは何だったのか

〈同時代の視点と現代からの視点〉

藤原書店編集部編
伊藤隆／篠田正浩／保阪正康／御厨貴／渡辺京二／新保祐司ほか

当時の国内外メディア、同時代人はいかに捉えたのか？　今日の我々にとって、この事件は何を意味するのか？　日本国家の核心を顕わにした事件の含意を問う！

四六上製　三一二頁　**三〇〇〇円**
（二〇〇七年一月刊）
◇978-4-89434-555-3

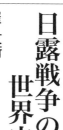

中国という「脅威」をめぐる屈折

近代日本の社会科学と東アジア

武藤秀太郎

欧米社会科学の定着は、近代日本の世界認識から何を失わせたのか？　田口卯吉、福澤諭吉から、福田徳三、河上肇、山田盛太郎、宇野弘蔵らに至るまで、その認識枠組みの変遷を「アジア」の位置付けという視点から追跡。東アジア地域のダイナミズムが見失われていった過程を検証する。

Ａ５上製　二六四頁　**四八〇〇円**　（二〇〇九年四月刊）　◇978-4-89434-683-3

「植民地」は、いかに消費されてきたか？

「戦後」というイデオロギー

（歴史／記憶／文化）

高　榮蘭

幸徳秋水、島崎藤村、中野重治や、「植民地」作家・張赫宙、「在日」作家・金達寿らは、「非戦」「抵抗」「連帯」の文脈の中で、いかにして神話化されてきたのか。「戦後」の「弱い日本」幻想において不可視化されてきた多様な「記憶」のノイズの可能性を問う。

四六上製　三八四頁　**四二〇〇円**　（二〇一〇年六月刊）　◇978-4-89434-748-9

日・中・韓ジャーナリズムを問う

日中韓の戦後メディア史

李相哲編

市場化・自由化の波に揉まれる中国、〝自由〟と〝統制〟に翻弄されてきた韓国、メディアの多様化の中で迷う日本。戦後の東アジア・ジャーナリズムを歴史的に検証し、未来を展望する。**李相哲／鄭晋錫／小黒純／卓南生／渡辺陽介／李東官／斎藤治／劉揚／金泳徳／若宮啓文／西村敏雄／西倉一喜／李双龍**

Ａ５上製　三二八頁　**三八〇〇円**　（二〇一二年一一月刊）　◇978-4-89434-890-5

トインビーに学ぶ東アジアの進路

文明の転換と東アジア

（トインビー生誕一〇〇年アジア国際フォーラム）

秀村欣二監修
吉澤五郎・川窪啓資編

地球文明の大転換期、太平洋時代の到来における東アジアの進路を、トインビーの文明論から模索する。日・韓・中・米の比較文明学、政治学、歴史学の第一人者らによる「アジアとトインビー」論の焦点。「フォーラム全記録」収録。

四六上製　二八〇頁　**二七一八円**　（一九九二年九月刊）　◇978-4-938661-56-4

ビッグスリーが繰り広げる駆け引き

奇妙な同盟Ⅰ・Ⅱ

（ルーズベルト、スターリン、チャーチルは、いかにして第二次大戦に勝ち、冷戦を始めたか）

J・フェンビー　河内隆弥訳

一九四一年八月の大西洋会談から四五年八月の日本降伏まで、数々の挿話・秘話を散りばめた、二十世紀で最も重要な指導者たちの四年間の物語。「スターリンは寡黙だったが、ルーズベルトは始終とりとめなく話し、チャーチルは際限なく喋った」。

口絵各八頁

四六上製　Ⅰ三六八頁　Ⅱ三八四頁　**各二八〇〇円**
（二〇一八年三月刊）
Ⅰ◇978-4-86578-161-8
Ⅱ◇978-4-86578-162-5

ALLIANCE　Jonathan FENBY

日本人の食生活崩壊の原点

「アメリカ小麦戦略」と日本人の食生活

鈴木猛夫

なぜ日本人は小麦を輸入してパンを食べるのか。戦後日本の劇的な洋食化の原点にあるタブー〝アメリカ小麦戦略〟の真相に迫り、本来の日本の気候風土にあった食生活の見直しを訴える問題作。

［推薦］幕内秀夫

四六並製　二六四頁　**二二〇〇円**
（二〇〇三年二月刊）
◇978-4-89434-323-8

屈辱か解放か

ドキュメント 占領の秋 1945

毎日新聞編集局　**玉木研二**

一九四五年八月三十日、連合国軍最高司令官マッカーサーは日本に降り立った――無条件降伏した日本に対する「占領」の始まり、「戦後」の幕開けである。新聞や日記などの多彩な記録から、混乱と改革、失敗と創造、屈辱と希望の一日一日の「時代の空気」たちのぼる迫真の再現ドキュメント。

写真多数

四六並製　二四八頁　**二〇〇〇円**
（二〇〇五年一二月刊）
◇978-4-89434-491-4

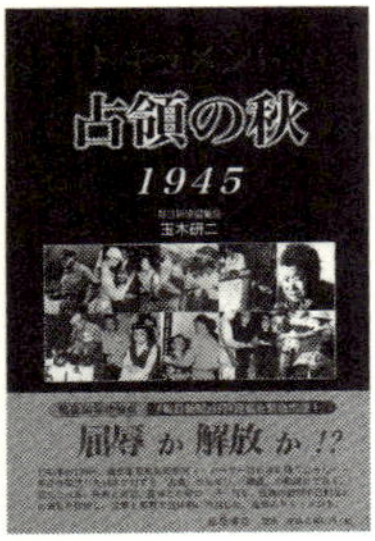

百枚の写真と手紙で知る、古都の光と闇

米軍医が見た占領下京都の六〇〇日

二至村 菁　**日野原重明＝推薦**

占領軍政を耐える日本人群像を、GHQ未発表資料や証言とともに、二十五歳の米軍医の眼をとおして鮮やかに描くノンフィクション物語。

「戦争はどんな人間をもクレージーにしてしまうほど異常な事態です。太平洋戦争中の731部隊の行動はその後どのような影響をもたらしたのか、それが本書によって明白にされています。」（日野原重明）

カラー口絵一六頁

四六上製　四四〇頁　**三六〇〇円**
（二〇一五年九月刊）
◇978-4-86578-033-8